서유기

下

西游记

원작 오승은
개작 염보화
편역 김홍겸

다락원

머리말

　중국은 우리나라와는 다른 언어계통을 가지고 있지만 지리적으로 인접한 까닭에 역사적으로 깊은 문화적 관계를 유지하며 공존하여 왔다. 언어와 민족은 달라도 문자와 문화는 상당부분을 공유하거나 서로 교류하며 찬란한 동방문화를 일구어내던 중세 고전의 시기가 있었다. 하지만 근세 이후 급속하게 진행된 서구세력의 동진과 이데올로기에 의한 분열이라는 현대사의 불행한 시기를 지나면서 서구의 언어와 문화에 매료되고, 한때 중국어는 더할 수 없이 생소한 외국어로 전락한 적이 있었다.

　그러나 이제 중국은 우리와 가장 가까운 이웃으로 돌아왔으며 최대의 교역 상대국이 되었다. 중국을 이해하고 중국문화를 공부하는 일은 선택이 아니라 이 시대 젊은이의 필수가 되었다고도 할 수 있다. 이제 중국문화의 뿌리 깊은 원류를 이해하고 중국인의 의식구조를 근본적으로 알아내기 위해서는 유구한 역사 속에서 다져진 중국의 고전을 읽는 일이 필수적이다. 중국의 고전은 다행히도 우리에게는 비교적 익숙한 책이기도 하다. 현대 중국과 단절된 시대에도 우리는 같은 중국 고전을 읽고 즐기며 살았다. 중국 고전은 동시에 동아시아 공동의 고전이라고 할 수 있으며 어떤 의미에서는 우리의 선조들이 늘 가까이 접하며 즐기던 우리 고전의 일부라고도 감히 말할 수 있을 것이다.

　오늘날 중국 고전의 원전을 마음대로 독파할 수 있는 사람은 별로 많지 않다. 그런 의미에서 고전의 정수를 일부 골라내어 현대 중국어의 발음을 달고 번역을 붙여서 대조시킨 대역본의 간행은 이 시점에 매우 시의적절한 일이라고 본다.

　훈민정음이 창제된 이후에 많은 한문고전이 원전과 한글을 대조시켜 간행되었다. 우리의 선조들이 중국어 공부를 위해 만들어낸 『노걸대老乞大』와 『박통사朴通事』 같은 교재들도 한문원전과 대역시킨 언해본諺解本을 만들어 보다 쉽게 공부할 수 있도록 하였다. 『삼국연의三國演義』나 『수호전水滸傳』 등은 민간에서 별도의 언해본을 만들어 유통시킨 바 있으며, 특히 중국소설 최고의 명작으로 인정되는 『홍루몽紅樓夢』은 19세기 말에 조선왕실의 궁중에서 문사 수십 명을 동원하여 원전과 발음, 그리고 번역문을 동시에 수록하는 대역본을 만들어 120회 전체를 120책이라는 방대한 양의 필사본으로 만들어낸 적도 있다. '낙선재樂善齋 번역소설'로 불리는 이 문고에는 수많은 중국소설의 번역 작품이 들어있는데 그렇게 정교한 대역본으로는 『홍루몽』이 유일한 것이었다. 오늘날 대역문고의 출판보다 백여 년이나 앞서 나온 선구라고 할 수 있다.

　본 다락원 중한고전대역에는 중국고전소설의 중요한 명작을 싣고 있다. 『삼국연의』, 『홍루몽』, 『수호전』, 『서유기西遊記』, 『봉신연의封神演義』는 중국을 대표하는 명작 소설이다. 각각의 작품은 소설사에서 개별 유형의 대표작이기도 하다. 역사소설의 대표작으로서 『삼국연의』, 영웅소설이나 사회소설로서의 『수호전』, 인정소설 혹은 가정소설이라고도 부를 수 있는 『홍루몽』, 신마소설의 대표작인 『서유기』와 『봉신연의』 등을 통해서 독자들은 중국소설의 세계를 한눈에 조망할 수 있을 것이다. 『요재지이聊齋志異』는 지괴와 전기의 다양한 환상을 그리고 있는 문언소설의 최고봉이다. 중국고전소설사에서 또 하나의 명작으로 거론되는 『금병매金瓶梅』와 『유림외사儒林外史』는 여기에 포함되지 못한 아쉬움이 있다. 전자의 경우 중국에서는 여전히 작품 속의 부분적인 성 묘사 내용을 문제삼아 공개적인 소개를 꺼리는 경향이 있지만, 사실 세정소설의 대표작으로서 인간의 진솔한 삶을 그리고 있어 『홍루몽』의 선구를 이루는 작품이기도 하다. 후자는 전통 지식인들의 다양한 이면세계를 그려내고 있는 풍자소설의 대표작이다.

풍부한 고전세계를 담고 있는 소설과 더불어 수천 년의 중국역사 속에서 인구에 회자하는 역사고사를 담아내고자 역사의 아버지 사마천司馬遷이 엮은 『사기史記』를 실었고 또 별도로 『고사성어』를 한 권으로 만들었다. 중국어 공부를 위해 만든 대역문고라는 특수성 때문에 보다 많은 작품을 포함시키지 못하고 일부 내용만 실을 수밖에 없는 아쉬움은 있지만 나름대로는 중요한 고전명저를 거의 망라했다고 할 수 있다.

대역본을 만드는 이유는 분명하다. 독자들로 하여금 곧바로 원전의 의미를 이해할 수 있도록 편의를 제공하는 것이다. 원문은 초학자를 위하여 고전의 원문으로부터 일부 개편한 내용을 실었고 현재 중국에서 사용되는 간체자를 사용하고 있으며 한어병음이 친절하게 부기되어 있으므로 독자들은 명작의 감상과 중급 중국어의 학습이라는 두 가지 목표를 동시에 달성할 수 있을 것이다.

본 다락원 중한고전대역의 역자들은 대부분 이 분야에서 깊이 연구한 전공자들이며 현재 학계에서 활약하는 신진 학자들이다. 각 분야의 고전명저를 소개하고 번역하는 데 손색이 없다고 본다. 필자와는 오랜 학문적 인연을 지니고 있는데다 진작부터 이러한 대역본의 출현을 고대하던 필자로서는 더욱 기쁜 마음으로 서문을 쓰는 바이다.

연홍헌(研紅軒)에서　최용철

 **작품 소개**

『서유기』는 장시간에 걸쳐 민간의 이야기꾼과 문인 등 여러 사람의 손과 입을 거치면서 점진적으로 장편소설의 형태를 지니게 되었고, 명明 중엽에 이르러 오승은吳承恩이 기존에 축적된 민간 설화와 화본에서 원본을 거쳐 잡극으로 이어지는 강창講唱문학을 집대성함으로써 신마神魔장편소설로 완성하였다.

당唐나라 태종太宗 정관貞觀 3년에 당시 26세의 진현장陳玄奘은 역사상 실크로드로 불리는 '하서회랑河西回廊'일대를 거쳐, 지금의 우즈베키스탄 남부와 아프가니스탄 그리고 파키스탄을 거쳐 인도印度에 해당하는 천축으로 들어간다. 무려 17년 동안 50여 나라를 두루 순방하면서 불교의 교리를 공부하고 불교 경전 657부를 구해 돌아온다. 그의 이러한 노력은 마침내 태종 이세민李世民을 감동시키고, 이세민의 적극적인 비호아래 현장은 645년부터 세상을 떠난 663년까지 19년간 중요한 경론經論 73부, 도합 1330권을 번역한다.

『서유기』는 현장이 타클라마칸 사막을 지나 북인도에서 대승大乘불경을 구하고 돌아온 고난의 사실만을 기본적인 틀로 삼아, 당시 민간에서 전래되던 영웅담과 신비스런 불교 설화와 도교적 설화에 허구적 상상과 재미를 가미하여 이루어졌다. 처음으로 소설의 형태를 갖춘 현장의 인도 여행담은 남송南宋 때 나온 화본話本『대당삼장취경시화大唐三藏取經詩話』로 지금까지 문헌으로 확인이 가능하며, 금金대의 원본院本과 원元대의 잡극雜劇 등으로도 각색되어 대중적으로 널리 유행하였다.

『서유기』는 기이한 불교설화와 고승의 여행담이라는 종교적 색채보다는, 손오공을 대표로 하는 사회 속 진보세력과 신불神佛을 중심으로 한 봉건체제하의 전통적 지배세력 그리고 요괴로 표현되는 탐관오리와 같은 사회적 반동세력간의 상호 의존 및 갈등을 기상천외한 상상력으로 묘사하고 있다는 점에서 그 특징을 찾을 수 있다. 특히, 현실세계의 추악함과 봉건통치계급의 타락상을 해학과 풍자로 비판하고, 천제天帝의 자리를 윤번제로 하자는 주장 등의 통쾌한 유머와 여의봉을 휘두르며 근두운을 타고 10만 8천리를 단숨에 날면서 72가지 둔갑술을 자유자재로 부리며 약자를 돕고 악한 자를 무찌르는 손오공의 영웅적 모습을 통해 독자들은 갈채와 환호를 보낸다.

 작자 소개

오승은(吳承恩, 1500?-1582?)

중국 명明나라 효종孝宗 홍치弘治 13년(1500) 또는 17년(1504)에 태어나 신종神宗 만력萬曆 10년(1582)에 세상을 떠난 것으로 알려져 있다. 자는 여충汝忠, 호가 사양산인射陽山人이다. 원래 본적은 지금의 강소성江蘇省 북부 신회하新淮河 북안에 해당하는 연수현漣水縣 출신이었으나, 후에 산양현山陽縣, 지금의 강소성江蘇省 회안현淮安縣으로 이주한다. 그의 증조부와 조부가 학관學官을 지낸 선비 가문이었으나, 부친대에 와서는 그나마 몰락하여 소상인이 되었다고 한다.

어릴 적부터 총기가 뛰어나 학문을 두루 섭렵하고 젊은 시절에 청운의 뜻을 품어 여러 차례 과거에 응시하였으나 번번이 낙방을 거듭한 끝에, 세종世宗 가정嘉靖 23년에 중년의 나이로 성시省試에 급제하여 세공생歲貢生이 된다. 목종穆宗 융경隆慶 원년에 이르러서야 절강성浙江省 장흥현승長興縣丞으로 부임하게 되지만, 2년 후 벼슬을 그만두고 낙향한다. 그 후 형왕부荊王府의 초빙을 받아 기선紀善직을 맡기도 하지만, 평생을 가난한 선비로 지냈다.

그의 시문은 청아유려淸雅流麗하면서도 풍격이 있는 반면에, 해학성이 강한 잡기雜記로 유명하다. 평생 동안 구전된 기록과 민간설화 등의 괴이한 이야기에 각별한 흥미를 가졌는데, 이것들은 나중에 『서유기』 창작의 바탕이 되었다. 저술에는 『서유기』 이외에, 장편 서사시 「이랑수산도가二郎搜山圖歌」와 지괴志怪소설 『우정지서禹鼎志序』가 있다.

 주요인물 소개

1. 손오공孫悟空

동승신주東勝神洲 오래국傲來國 화과산花果山의 돌에서 태어나 수보리조사須菩提祖師에게 도술을 배우고 일흔두 가지 변신술을 익힌다. 천궁에 가서 선도 잔치를 엉망으로 만들어놓고 도망쳐, 화과산의 원숭이 무리를 이끌고 스스로 '제천대성齊天大聖'이라 칭하며 옥황상제에게 도전한다. 현성이랑진군顯聖二郎眞君과 다투고, 나중에 석가여래釋迦如來와 내기를 하였다가 지면서 오백 년 동안 오행산五行山아래 눌려 지내는 벌을 받는다. 이후, 관음보살觀音菩薩의 안배로 서천으로 불경을 가지러 가는 삼장법사의 제자가 되어 신통력과 기지로 온갖 요괴와 마귀들을 싸워 물리치고, 여든한 가지 갖은 고난을 거치면서, 마침내 불경을 구하고 진정한 깨달음을 얻게 된다.

2. 삼장법사三藏法師

장원급제한 수재 진악陳萼의 아들이자, 승상 은개산殷開山의 외손자이다. 아버지는 부임지로 가던 중 홍강洪江의 도적들에게 피살되고, 임신 중이던 어머니는 강제로 도적의 아내가 된다. 죽은 아버지의 직위를 사칭하던 유홍劉洪의 음모를 피해, 어머니가 그를 강물에 띄워 보낸다. 다행히 금산사金山寺의 법명화상法明和尚의 도움으로 목숨을 구하고 현장玄奘이라는 법명을 얻게 된다. 이후 불가의 수양에 뜻을 두고 수행하다가 관음보살의 배려로 불경을 찾아 서천으로 떠나도록 선발된다. 당 태종太宗이 그에게 삼장이라는 법명을 준다.

3. 저팔계猪八戒

본래 하늘의 천봉원수天蓬元帥였으나, 선도 잔치에서 항아嫦娥를 희롱한 죄로 인간 세상으로 내쫓긴다. 어미의 태를 잘못 들어가 돼지의 모습으로 태어나지만, 서른여섯 가지 술법을 부리고, 아홉 날 쇠스랑을 무기로 쓴다. 오사장국烏斯藏國 고로장高老莊에서 데릴사위로 지내면서 악행을 저지르다가, 손오공을 만나 싸우다가 복릉산福陵山 운잔동雲棧洞으로 도망친다. 하지만 곧 굴복하고 삼장법사의 제자가 되어 서천으로의 여행길에 동행하게 된다.

4. 사오정沙悟淨

본래 하늘의 권렴대장군捲簾大將軍이었으나, 선도 잔치에서 실수로 옥파리玉玻璃를 깨뜨리는 바람에 인간 세상으로 내쫓긴다. 유사하流沙河에서 요괴 노릇을 하며 지내다가 관음보살에 의해 삼장법사의 제자로 안배된다. 훗날 유사하를 건너려던 삼장법사 일행을 몰라보고 손오공과 저팔계를 상대로 싸우지만, 관음보살이 자신의 큰 제자인 목차木叉 혜안惠岸을 보내 오해를 풀어주어, 결국 자신의 잘못을 뉘우치고 삼장법사의 세 번째 제자가 된다. 무기로는 항요장降妖杖을 쓴다.

5. 황포요괴黄袍怪

본래 하늘나라 이십팔수二十八宿 가운데 하나인 규목랑奎木郎으로, 선녀와 사랑에 빠져 함께 인간 세상으로 내려온다. 옛날 하늘나라에서 같이 사랑을 나누다가

인간 세상으로 내려와 보상국寶象國의 공주인 백화수百花羞로 태어난 선녀를 납치
하여 아내로 삼고, 완자산碗子山 파월동波月洞에서 요괴노릇을 한다. 길을 잃고 찾
아온 삼장법사를 잡아먹으려 하다가, 전생의 일을 기억하지 못하는 아내의 부
탁으로 삼장법사 일행을 풀어주지만, 아내가 부친에게 몰래 편지를 전하면서
일이 복잡하게 얽혀 결국에 가서는 손오공과 다투게 된다.

6. 탁탑천왕托塔天王

사천왕 가운데 하나로, 석가여래가 하사한 탑을 항상 손에 받치고 있다. 이름
이 이정李靖이기 때문에 이천왕李天王이라고도 불린다. 손오공이 하늘나라에 대
항하여 반기를 들었을 때 옥황상제로부터 항마대원수降魔大元帥로 임명되어, 자
신의 셋째 아들 나타哪吒와 함께 화과산으로 토벌에 나선다. 보타락가산普陀落伽山
에서 관음보살을 시중하면서 수도하는 혜안惠岸행자 목차木叉가 그의 둘째 아들
이다.

7. 현성이랑신顯聖二郎神

옥황상제의 조카인 현성이랑진군顯聖二郎眞君을 가리킨다. 그는 매산형제梅山兄弟를
비롯해서 천이백 명의 작은 신들을 거느리고 관강灌江 어귀의 사당에서 인간들
의 제사를 받아먹으며 살다가, 옥황상제의 명으로 손오공 토벌에 참여한다. 손
오공과 신통력을 다투다가 태상노군太上老君의 도움으로 겨우 손오공을 붙잡아
하늘나라로 압송한다.

8. 나찰녀羅刹女

우마왕의 아내이자 홍해아紅孩儿의 어머니로서, 취운산翠雲山 파초동芭蕉洞에 살면
서 파초선芭蕉扇으로 화염산火焰山의 불길을 다스려주며 그곳 백성들을 착취하고
있는 까닭에 철선신선鐵扇仙이라 불린다. 화염산의 불길로 인해 길이 막힌 손오
공이 파초선을 빌리러 가자, 손오공이 홍해아를 해친 것으로 여기고 파초선을
내주지 않고 오히려 손오공에게 복수를 하려 든다. 손오공은 술법을 써서 그녀
의 뱃속으로 들어가 굴복시키고 파초선을 빼앗지만, 그녀는 속임수를 부려 가
짜 부채를 내준다.

9. 우마왕牛魔王

손오공이 화과산 수렴동에 있을 때 의형제를 맺었던 요괴로, 자칭 평천대성平天
大聖이라 했다. 나찰녀와 부부로 살다가, 나중에 적뇌산積雷山 마운동摩雲洞에서 옥
면공주玉面公主를 둘째 부인으로 삼아 살면서, 대력마왕大力魔王이라고 불리게 된다.
손오공이 나찰녀에게 파초선을 빌리기 위해 그에게 도움을 청하지만, 그는 오
히려 손오공의 무례함을 탓하며 도움을 거절하고 싸우게 된다. 손오공이 그의
모습으로 둔갑하여 나찰녀를 속이고 파초선을 훔쳐내자, 본인은 저팔계로 둔
갑하여 속이고 같이 싸우게 된다. 혼철곤混鐵棍을 무기로 사용한다.

10. 백골부인白骨夫人

백호령白虎嶺에 사는 요괴이다. 삼장법사를 잡아먹기 위해 세 차례나 둔갑술로
삼장법사와 저팔계 그리고 사오정을 속이지만, 모두 손오공에게 발각된다. 이
요괴는 손오공이 여의봉으로 때리자 얼른 가짜 시체를 남기고 도망치는 해시
법解尸法을 부린다. 이를 알 리 없는 삼장법사는 저팔계의 부추김을 받아 손오공
의 잔인함을 야단치며 그를 내쫓는다.

차 례

唐僧师徒

光阴荏苒，斗转星移，转眼过了五百年。这时，
Guāngyīn rěnrǎn, dǒu zhuǎn xīng yí, zhuǎnyǎn guò le wǔbǎi nián. Zhèshí,

在东土大唐国 [1]，正是唐太宗皇帝李世民 [2] 在位，年号
zài Dōngtǔ dà Tángguó, zhèngshì Táng Tàizōng huángdì Lǐ Shìmín zàiwèi, niánhào

贞观。唐太宗受观音菩萨点化，派玄奘 [3] 和尚前往西
Zhēnguān. Táng Tàizōng shòu Guānyīnpúsà diǎnhuà, pài Xuánzàng héshang qiánwǎng Xī-

天 [4] 取经，并亲自为唐僧送行。
tiān qǔjīng, bìng qīnzì wèi Tángsēng sòngxíng.

　　唐僧在五行山下遇到孙悟空，揭下山上如来的
Tángsēng zài Wǔxíngshān xià yùdào Sūn Wùkōng, jiēxià shānshang Rúlái de

金字压帖，把悟空救了出来。观音菩萨担心悟空不
jīnzì yātiě, bǎ Wùkōng jiù le chūlái. Guānyīnpúsà dānxīn Wùkōng bù

服管教，给唐僧送来一顶花帽，传了一个紧箍咒。
fú guǎnjiào, gěi Tángsēng sònglái yì dǐng huāmào, chuán le yí ge jǐngūzhòu.

悟空戴上这顶帽子，一个金箍紧紧勒进肉里，怎么
Wùkōng dàishàng zhè dǐng màozi, yí ge jīngū jǐnjǐn lēijìn ròuli, zěnme

也脱不下去。师父念的紧箍咒使悟空疼得死去活来。
yě tuō bu xiàqù. Shīfu niàn de jǐngūzhòu shǐ Wùkōng téng de sǐ qù huó lái.

从此，悟空死心塌地地保护唐僧去西天取经。
Cóngcǐ, Wùkōng sǐ xīn tā dì de bǎohù Tángsēng qù Xītiān qǔjīng.

삼장법사와 제자들

세월은 덧없이 흘러, 북두성이 방향을 틀고 뭇별들이 자리를 옮기더니, 눈 깜짝할 사이에 오백 년이 흘렀다. 이때, 동녘 땅 당나라에서는 마침 당 태종 황제 이세민이 등극하여 연호를 정관이라 하였다. 당 태종은 관음보살의 교화를 받아 현장스님을 서천으로 보내 불경을 구해오도록 하고, 아울러 자신이 몸소 삼장법사를 위해 배웅하였다.

삼장법사는 오행산 아래에서 손오공을 만나, 산 위 석가여래의 금박 글씨 부적을 떼어내고, 손오공을 꺼내주었다. 관음보살은 오공이 가르침에 따르지 않을 것을 염려하여, 삼장법사에게 수놓은 모자 하나를 주고, 긴고주문를 전수해 주었다. 오공이 이 모자를 쓰자 황금테 하나가 바짝 조이며 살 속으로 파고들어, 어떻게 해도 벗을 수가 없었다. 삼장법사가 외는 긴고주문은 오공을 죽였다 살렸다 할 정도로 아프게 하였다. 이때부터 오공은 체념하여 마음을 진정시키고는 삼장법사를 보필하여 서천으로 경전을 구하러 갔다.

1. **大唐国** : 618년 이연(李淵)이 건국하여 290년간 20대의 황제에 의하여 통치.
2. **太宗 李世民** : 당(唐)나라 제2대 황제. 아버지 이연(李淵)과 함께 군사를 일으켜 당나라를 세웠다.
3. **玄奘** : 당나라 때 실존하였던 성승(聖僧)으로, 서역 천축으로 17년간 27개국을 직접 답사하고 불교의 성지유적을 탐방하고 도성 장안으로 귀환하였다.
4. **西天** : 고대 인도. 인도는 중국의 서쪽에 있다고 하여 '서천'이라고 불리었다.

师徒 shītú 스승과 제자 ｜ **光阴** guāngyīn 세월, 시간 ｜ **荏苒** rěnrǎn (세월이) 덧없이 흐르다 ｜ **斗转星移** dǒu zhuǎn xīng yí 북두성이 방향을 틀면, 뭇 별들이 자리를 옮긴다; 시간의 변화와 세월의 흐름을 나타냄 ｜ **转眼** zhuǎnyǎn 눈 깜짝할 사이 ｜ **在位** zàiwèi 재위하다, 등극하다 ｜ **点化** diǎnhuà 교화하다 ｜ **揭下** jiēxià 떼어내다 ｜ **紧箍咒** jǐngūzhòu 긴고주문, 단단히 죄는 주문 ｜ **紧紧** jǐnjǐn 꽉, 바짝, 단단히 ｜ **勒进** lēijìn 죄며 파고들다 ｜ **死去活来** sǐ qù huó lái 죽었다 살아나다 ｜ **死心塌地** sǐ xīn tā dì 체념하여 마음이 진정되다

转眼到了寒冬腊月，北风呼啸，冰天雪地。悟
Zhuǎnyǎn dào le hándōng làyuè, běifēng hūxiào, bīng tiān xuě dì. Wù-

空挑着行李，保护着师父艰难地向西行进。这天，
kōng tiāo zhe xíngli, bǎohù zhe shīfu jiānnán de xiàng xī xíngjìn. Zhètiān,

他们来到蛇盘山鹰愁涧，忽然从涧里蹿出一条白龙，
tāmen láidào Shépánshān Yīngchóujiàn, hūrán cóng jiànli cuānchū yì tiáo báilóng,

朝唐僧扑了过来。悟空急忙丢下行李，把师父抱下
cháo Tángsēng pū le guòlái. Wùkōng jímáng diūxià xíngli, bǎ shīfu bào xià

马来，回头就跑。那龙见追不上唐僧，就把那匹白
mǎ lái, huítóu jiù pǎo. Nà lóng jiàn zhuī bu shàng Tángsēng, jiù bǎ nà pǐ bái-

马连鞍子一口吞吃下去。悟空找那白龙恶战，一连
mǎ lián ānzi yìkǒu tūnchī xiàqù. Wùkōng zhǎo nà báilóng èzhàn, yìlián

打了几天，后来白龙躲在水底下，再也不敢出来应
dǎ le jǐ tiān, hòulái báilóng duǒzài shuǐ dǐxia, zài yě bù gǎn chūlái yìng-

战。原来这条白龙是西海龙王敖闰的太子，因为犯
zhàn. Yuánlái zhè tiáo báilóng shì Xīhǎi lóngwáng Áo Rùn de tàizǐ, yīnwèi fàn

了天条，受到惩处，多亏观音菩萨讲情，玉帝才答
le tiāntiáo, shòudào chéngchǔ, duōkuī Guānyīnpúsà jiǎngqíng, Yùdì cái dā-

应把他贬到这鹰愁涧，等着唐僧从这儿经过，保唐
ying bǎ tā biǎndào zhè Yīngchóujiàn, děng zhe Tángsēng cóng zhèr jīngguò, bǎo Táng-

僧去西天取经。他看见唐僧的马膘肥体壮，就吃掉
sēng qù Xītiān qǔjīng. Tā kànjiàn Tángsēng de mǎ biāoféi tǐ zhuàng, jiù chīdiào

了，并不知道他等候的大唐圣僧已经来到。唐僧没
le, bìng bù zhīdào tā děnghòu de dà Táng shèngsēng yǐjing láidào. Tángsēng méi-

有了马，没法继续前进。多亏观音菩萨赶来，让白
yǒu le mǎ, méi fǎ jìxù qiánjìn. Duōkuī Guānyīnpúsà gǎnlái, ràng bái-

龙变成一匹白马，驮着唐僧去西天取经。
lóng biànchéng yì pǐ báimǎ, tuó zhe Tángsēng qù Xītiān qǔjīng.

눈 깜짝할 사이에 엄동설한이 되어, 북풍은 휙휙 소리를 내고 사방은 얼음과 눈으로 뒤덮였다. 오공은 봇짐을 짊어지고, 사부님을 보필하며 힘겹게 서쪽을 향해 나아갔다. 이날 그들이 사반산 응수계곡에 도착하였을 때, 갑자기 계곡에서 백룡 한 마리가 솟구쳐 오르면서 삼장법사를 향해 달려들었다. 오공은 황급히 봇짐을 내던지고, 사부를 끌어안아 말에서 내리게 하고는, 고개를 돌려 달아났다. 그 용은 삼장법사를 따라잡지 못하자, 그 백마를 안장까지 한 입에 삼켜버렸다. 오공은 그 백룡을 찾아 치열한 싸움을 벌였고 연이어 며칠을 싸우자, 결국 백룡은 물 밑에 숨은 채, 다시는 감히 나와 맞서 싸우려 하지 않았다. 본래 이 백룡은 서해 용왕 오윤의 태자로, 하늘의 법률을 어겨 처벌을 받게 되었다. 다행히 관음보살의 통사정으로 옥황상제는 그를 강등시켜 응수계곡에 보내 삼장법사가 이곳을 지나가기를 기다려, 그를 보필하여 서천으로 불경을 구하러 가도록 하는 것에 어렵사리 승낙하였다. 그는 삼장법사의 말이 토실토실 살찐 모습을 보고는 곧바로 먹어버렸고, 그가 기다리고 있는 삼장법사가 이미 왔다는 것을 전혀 모르고 있었다. 삼장법사는 말이 없으면, 계속해서 길을 갈 수가 없었다. 다행히 관음보살이 급히 쫓아와 백룡을 백마 한 마리로 변하게 하여, 삼장법사를 등에 태우고 서천으로 불경을 구하러 가도록 하였다.

寒冬腊月 hándōng làyuè 추운 섣달, 엄동설한 ┃ **呼啸** hūxiào (바람이) 휙휙 소리를 내다 ┃ **冰天雪地** bīng tiān xuě dì 얼음과 눈으로 뒤덮인 곳, 몹시 추운 곳 ┃ **涧** jiàn 계곡 ┃ **蹿** cuān (훌쩍) 뛰어 오르다, 솟구쳐 오르다 ┃ **扑** pū 뛰어들다, 달려들다 ┃ **鞍子** ānzi 안장 ┃ **吞吃** tūnchī 통째로 삼키다 ┃ **恶战** èzhàn 치열한 전투 ┃ **天条** tiāntiáo 하늘의 법률 ┃ **惩处** chéngchǔ 처벌 ┃ **讲情** jiǎngqíng (남을 위해) 통사정하다 ┃ **贬** biǎn (지위나 가치를) 낮추다, 떨어뜨리다 ┃ **驮** tuó (짐승의) 등에 지우다

师徒二人继续前行，转眼到了春天。这天傍晚，
Shītú èr rén jìxù qiánxíng, zhuǎnyǎn dào le chūntiān. Zhètiān bàngwǎn,

他们来到了高老庄。三年前，庄里高太公的夫人得
tāmen láidào le Gāolǎozhuāng. Sān nián qián, zhuāngli Gāotàigōng de fūrén dé

了病，小女儿翠兰去庙里烧香许愿，回来的路上遇
le bìng, xiǎonǚ'ér Cuìlán qù miàoli shāoxiāng xǔyuàn, huílái de lùshang yù-

到强盗，幸亏一个壮汉打跑了强盗。这个壮汉姓猪。
dào qiángdào, xìngkuī yí ge zhuànghàn dǎpǎo le qiángdào. Zhè ge zhuànghàn xìng Zhū.

高太公正想招个上门女婿，于是就把翠兰许配给了
Gāotàigōng zhèng xiǎng zhāo ge shàngmén nǚxu, yúshì jiù bǎ Cuìlán xǔpèi gěi le

他。结婚以后，这女婿倒也勤快，手使一柄九齿
tā. Jiéhūn yǐhòu, zhè nǚxu dào yě qínkuài, shǒu shǐ yì bǐng jiǔ chǐ

钉耙，好大的力气，耕田耙地不用牛，收割庄稼不
dīngpá, hǎodà de lìqi, gēng tián pá dì bú yòng niú, shōugē zhuāngjia bú

用镰刀。只是过了不久喝醉了酒，露出了本相，由
yòng liándāo. Zhǐshì guò le bù jiǔ hēzuì le jiǔ, lòuchū le běnxiàng, yóu

一个黑胖大汉变成了长嘴大耳朵的妖怪，活像一头
yí ge hēipàng dàhàn biànchéng le cháng zuǐ dà ěrduo de yāoguài, huóxiàng yì tóu

猪。翠兰不肯再和他过，他却赖着不走，还把翠兰
zhū. Cuìlán bùkěn zài hé tā guò, tā què lài zhe bù zǒu, hái bǎ Cuìlán

锁在后院，半年不许和家人见面。
suǒzài hòuyuàn, bàn nián bùxǔ hé jiārén jiànmiàn.

    사부와 제자 두 사람은 계속해서 앞으로 나아갔고, 눈 깜짝할 사이에 봄이 되었다. 이날 해질 무렵 그들은 고로장에 도착하였다. 삼 년 전, 마을 고태공의 부인이 병을 얻자, 어린 딸 취란이 사당에 가서 향을 피우고 소원을 빌었다. 그런데 돌아오는 길에 강도를 만나게 되었는데, 다행히도 한 건장한 사내가 강도를 때려 쫓아버렸다. 이 건장한 사내의 성은 저가였다. 고태공은 마침 데릴사위를 찾고 있던 지라, 취란을 그에게 시집보냈다. 결혼한 뒤, 이 사위는 그럭저럭 부지런하고, 손으로 아홉 갈퀴가 달린 쇠스랑을 사용했는데, 무척 힘이 세어 밭을 갈고 땅을 갈퀴질하는 데에 소를 쓰지 않고, 농작물을 수확 할 때에도 낫을 사용하지 않았다. 그러나 오래 지나지 않아 술에 취해 본모습을 드러내었는데, 검고 뚱뚱한 사내는 기다란 주둥이에 큰 귀를 가진 요괴로 변한 것이, 마치 한 마리의 돼지 같았다. 취란은 더 이상 그와 살려고 하지 않았고, 그는 오히려 억지를 부리며 떠나질 않고, 되레 취란을 뒤채에 가둬놓고, 반년 동안이나 가족들과 만나지 못하게 하였다.

傍晚 bàngwǎn 저녁 무렵, 해질 무렵 ┃ 烧香 shāoxiāng 향을 피우다 ┃ 许愿 xǔyuàn 소원을 빌다 ┃ 强盗 qiángdào 강도 ┃ 壮汉 zhuànghàn 건장한 남자 ┃ 上门 shàngmén 데릴사위로 들어가다 ┃ 许配 xǔpèi (여자가) 혼약(婚約)하다 ┃ 勤快 qínkuài 부지런하다, 근면하다 ┃ 钉耙 dīngpá 갈퀴, 써레 ┃ 收割 shōugē 수확하다 ┃ 镰刀 liándāo 낫 ┃ 活像 huóxiàng 꼭 닮다, 아주 비슷하다 ┃ 赖 lài 억지 부리다

悟空得知此事，随手从耳朵里取出绣花针，迎
Wùkōng dézhī cǐ shì, suíshǒu cóng ěrduo li qǔchū xiùhuāzhēn, yíng-

风一晃变成碗口粗细，叫高太公领他来到后院，
fēng yíhuàng biànchéng wǎnkǒu cūxì, jiào Gāotàigōng lǐng tā láidào hòuyuàn,

一棒打碎门上的铜锁。太公叫道："翠兰，你在
yí bàng dǎsuì ménshang de tóng suǒ. Tàigōng jiào dào : "Cuìlán, nǐ zài

哪儿？"翠兰回答："爹爹，我在这里。"说着跑过
nǎr?" Cuìlán huídá : "Diēdie, wǒ zài zhèlǐ." Shuō zhe pǎo guò-

来抱着太公失声痛哭。悟空说："你别只管哭，
lái bào zhe tàigōng shīshēng tòngkū. Wùkōng shuō : "Nǐ bié zhǐguǎn kū,

先告诉我那妖怪到哪儿去了。"翠兰说："这些
xiān gàosu wǒ nà yāoguài dào nǎr qù le." Cuìlán shuō : "Zhèxiē

天，他总是早晨去，夜晚来，腾云驾雾，不知道哪
tiān, tā zǒngshì zǎochén qù, yèwǎn lái, téng yún jià wù, bù zhīdào nǎ-

里去了。"
li qù le."

悟空叫太公把女儿带到前院藏起来，自己摇身
Wùkōng jiào tàigōng bǎ nǚ'ér dàidào qiányuàn cáng qǐlái, zìjǐ yáoshēn

一变，变成翠兰的模样，坐在楼上等候。不大
yí biàn, biànchéng Cuìlán de múyàng, zuòzài lóushàng děnghòu. Bú dà

一会儿，一阵风刮进来，一个长嘴大耳朵的丑八怪
yíhuìr, yízhènfēng guā jìnlái, yí ge cháng zuǐ dà ěrduo de chǒubāguài

出现了。
chūxiàn le.

得知 dézhī 알게 되다, 알다 ｜ 随手 suíshǒu 즉석에서 하다 ｜ 绣花针 xiùhuāzhēn 자수 바늘 ｜ 打
碎 dǎsuì (때려) 부수다 ｜ 爹 diē 아버지 ｜ 失声 shīshēng (너무 비통한 나머지) 목이 메다 ｜ 夜晚
yèwǎn 밤 ｜ 藏 cáng 숨다, 숨기다 ｜ 楼上 lóushàng 2층, 위층 ｜ 丑八怪 chǒubāguài 용모가 (아주)
못생긴 사람

　　오공은 이 일을 알고는, 즉시 귓속에서 자수 바늘을 꺼내어, 바람을 타서 눈 깜짝할 사이에 사발 주둥이 두께만큼 변했다. 그리고는 고태공더러 자신을 뒤채로 데려다 달라고 하여, 한방에 문의 구리 자물쇠를 부수었다. 태공이 외쳤다. "취란아, 너 어디 있느냐?" 취란이 대답했다. "아버지, 저 여기 있어요." 말하면서 달려와 태공을 끌어안고 목이 메도록 통곡하였다. 오공이 말했다. "울기만 하지 말고, 먼저 내게 그 요괴가 어디로 갔는지 알려주시오." 취란이 말했다. "요즘 그는 늘 새벽에 나가 밤에 돌아오는데, 구름과 안개를 몰고 어디로 갔는지 모르겠어요."

　　오공은 태공더러 딸을 데리고 앞채로 데려가 숨어있으라고 하고는, 자신은 몸을 흔들어 둔갑하니, 취란의 모습으로 변하여 위층에 앉아서 기다렸다. 얼마 안 있어 한바탕 바람이 불어오더니, 주둥이가 길고 귀가 큰 아주 못생긴 요괴 하나가 나타났다.

悟空扮成的翠兰躺在床上装病，嘴里哼哼个不
Wùkōng bànchéng de Cuìlán tǎngzài chuángshang zhuāngbìng, zuǐli hēnghēng ge bù

停。妖怪不知是真是假，摸上床来要跟悟空亲嘴。
tíng. Yāoguài bù zhī shì zhēn shì jiǎ, mōshàng chuánglái yào gēn Wùkōng qīnzuǐ.

悟空用力一推，把他推了个屁股蹲儿。妖怪摸着屁
Wùkōng yònglì yì tuī, bǎ tā tuī le ge pìgudūnr. Yāoguài mō zhe pì-

股嚷道："娘子好大力气！难道嫌我来晚了？"悟
gu rǎngdào : "Niángzǐ hǎodà lìqi! Nándào xián wǒ lái wǎn le?" Wù-

空说："我爹请了法师要拿你呢。"妖怪笑道："我
kōng shuō : "Wǒ diē qǐng le fǎshī yào ná nǐ ne." Yāoguài xiào dào : "Wǒ

有三十六般变化，还有九齿钉耙，就是神仙老子也
yǒu sānshíliù bān biànhuà, háiyǒu jiǔ chǐ dīngpá, jiùshì shénxiān lǎozi yě

不怕。"悟空说："这次请的是五百年前大闹天宫的
bú pà." Wùkōng shuō : "Zhècì qǐng de shì wǔbǎi nián qián dànào tiāngōng de

齐天大圣！"妖怪听了，噌地跳起来，"那个弼马
Qítiāndàshèng" Yāoguài tīng le, cēng de tiào qǐlái, "Nà ge Bìmǎ-

温有点本事，咱这夫妻做不成了。"说着，穿上衣服，
wēn yǒu diǎn běnshì, zán zhè fūqī zuò bu chéng le." Shuō zhe, chuānshàng yīfu,

开门就走。悟空一把扯住他，用手抹一把脸，现出
kāimén jiù zǒu. Wùkōng yì bǎ chězhù tā, yòng shǒu mǒ yì bǎ liǎn, xiànchū

本相："好妖怪，你看我是谁？"那妖怪转身一看，
běnxiàng : "Hǎo yāoguài, nǐ kàn wǒ shì shéi?" Nà yāoguài zhuǎnshēn yí kàn,

见他一双火眼金睛，吓得一阵风似的逃走了。悟空
jiàn tā yì shuāng huǒyǎn jīnjīng, xià de yízhènfēng shìde táozǒu le. Wùkōng

在后面紧紧追赶。这一追就追到了福陵山。那妖怪
zài hòumian jǐnjǐn zhuīgǎn. Zhè yì zhuī jiù zhuīdào le Fúlíngshān. Nà yāoguài

从山洞里取出九齿钉耙，迎战悟空。
cóng shāndòng li qǔchū jiǔ chǐ dīngpá, yíngzhàn Wùkōng.

취란으로 변장하고 있는 오공은 침대에 누워 꾀병을 부리면서, 입으로는 쉴 새 없이 신음소리를 냈다. 요괴는 진짜인지 가짜인지도 모르고, 더듬으며 침대로 올라와 오공과 입을 맞추려고 하였다. 오공은 힘껏 밀쳐서, 그가 엉덩방아를 찧게 했다. 요괴는 엉덩이를 어루만지며 큰 소리로 말했다. "부인, 힘이 굉장하구려! 설마 내가 늦게 왔다고 그러시는 게요?" 오공이 말했다. "저의 아버지께서 법사를 청하여 당신을 붙잡으려 하세요." 요괴가 웃으며 말했다. "나는 서른여섯 가지 둔갑술이 있고, 게다가 아홉 갈퀴가 달린 쇠스랑이 있으니, 신선 애비라 하더라도 두렵지 않소." 오공이 말했다. "이번에 모신 분은 오백년 전에 천궁을 어지럽힌 제천대성이래요!" 요괴는 이를 듣고는 벌떡 일어서며, "그 필마온이란 자는 재주가 꽤 있거든, 우리의 부부노릇도 끝장이군." 이야기를 하면서, 옷을 입고 문을 열고 가버렸다. 오공은 한 주먹으로 그를 붙잡고, 손으로 얼굴을 한번 문질러 본래 모습을 드러냈다. "잘난 요괴놈아, 네놈이 보기엔 내가 누구냐?" 그 요괴가 몸을 돌려 살펴보니, 그의 진짜와 가짜를 식별할 수 있는 눈인 화안금정이 보여, 놀라서 쏜살같이 도망쳐 버렸다. 오공은 뒤쪽에서 바짝 쫓아갔다. 쫓다보니 복릉산까지 오게 되었다. 그 요괴는 산 동굴에서 아홉 갈퀴의 쇠스랑을 들고 나와 오공과 맞서 싸웠다.

裝病 zhuāngbìng 꾀병을 부리다 ｜ 哼 hēng 신음하다 ｜ 亲嘴 qīnzuǐ 입 맞추다, 키스하다 ｜ 屁股蹲儿 pìgudūnr 엉덩방아 ｜ 法师 fǎshī 법사 ｜ 拿 ná 붙잡다, 사로잡다 ｜ 老子 lǎozi 아버지 ｜ 噌 cēng 탁, 푸드덕 (빠른 동작으로 나는 소리)

悟空喝问：“你是哪里来的妖魔，快快报上姓
名来！”那妖怪说：“我本是天河里的天蓬元帅，
只因蟠桃会上调戏嫦娥 [5]，被贬下界。不料投到个母
猪胎里，变成这副模样。”悟空说：“原来是天蓬元
帅下界，难怪知道我老孙的名号。”那妖怪说：“你
这弼马温，当年闯祸的时候，没少连累我们，现在
又来欺负我，吃我一耙！”说着，两个人厮杀在一
起，从半夜一直打到天亮。后来，妖怪抵挡不住，
钻进云栈洞内，再也不出来了。

悟空回庄里吃饭，吃饱喝足，驾起筋斗云再次
来到福陵山，一顿铁棒，把云栈洞的两扇石门打得
粉碎。那妖怪举着钉耙跑出来，愤怒地说：“你这
猴头，我在高老庄招亲跟你有什么相干？你知道我
这钉耙的厉害吗？”

오공이 호통을 치며 물었다. "네놈은 어디서 온 요괴인지, 어서 이름을 밝혀라!" 그 요괴가 말했다. "나는 본래 은하수의 천봉원수이신데, 단지 선도원 잔치에서 항아를 희롱했다 하여, 지위가 낮아져 아래 세상으로 떨어졌지. 뜻밖에도 암퇘지 뱃속으로 들어가는 바람에, 이런 모습이 되어버렸어." 오공이 말했다. "알고 보니 천봉원수께서 인간세계에 내려오신 거로구만, 어쩐지 이 손오공님의 명성을 알고 있더라니." 그 요괴가 말했다. "너 필마온 놈아, 당시 사고를 일으켰을 때, 적잖이 우리를 연루시키더니, 이제 또 와서 나를 괴롭히느냐, 내 쇠스랑 맛이나 봐라!" 말하면서, 두 사람이 함께 싸웠는데, 한밤중부터 동이 틀 때까지 줄곧 싸웠다. 나중에 요괴는 더 이상 대적하지 못하고, 운잔동 안으로 파고들어가 다시는 나오지 않았다.

오공은 마을로 돌아와 밥을 먹었는데, 배불리 먹고 충분히 마시고는, 근두운을 몰고 다시 복릉산으로 와서, 여의봉으로 운잔동의 돌문 두 짝을 가루로 만들어 버렸다. 그 요괴는 쇠스랑을 들고 나와 화를 내며 말했다. "너 이 원숭이놈아, 내가 고로장에서 데릴사위로 있는 것이 너와 무슨 상관이냐? 너 내 쇠스랑의 대단함을 아느냐?"

5 嫦娥 : 항아(姮娥)라고도 하며 중국 고대신화에 나오는 달의 여신. 자신의 남편 예(羿)가 서왕모에게서 얻은 불사약을 훔쳐 먹고 달로 도망가 숨었다. 전통적으로 항아는 그림에서 달을 향해 떠 있는 것으로 묘사되어 있으며, 오른손을 올려 달을 들고 있는 모습으로도 자주 묘사된다.

天河 tiānhé 은하수 ︱ **调戏** tiáoxì (말과 행동으로 부녀자를) 희롱하다, 놀리다 ︱ **名号** mínghào 이름, 명성 ︱ **闯祸** chuǎnghuò 사고를 일으키다 ︱ **连累** liánlěi 연루하다, 말려들다 ︱ **半夜** bànyè 한밤중 ︱ **粉碎** fěnsuì 가루로 만들다, 분쇄하다 ︱ **招亲** zhāoqīn 데릴사위가 되다 ︱ **相干** xiānggān 관계(하다), 상관(하다)

悟空笑道：“这不是你给高太公家刨地种菜的
Wùkōng xiào dào : "Zhè búshì nǐ gěi Gāotàigōng jiā páodì zhòngcài de

铁耙吗？”妖怪说：“我这钉耙名叫上宝逊金耙，
tiěpá ma?" Yāoguài shuō : "Wǒ zhè dīngpá míng jiào Shàngbǎoxùnjīnpá,

是玉帝钦赐的宝物，神鬼见了都胆颤。”悟空听了，
shì Yùdì qīncì de bǎowù, shénguǐ jiàn le dōu dǎnchàn." Wùkōng tīng le,

把头伸过去，说：“那你先拿老孙的头试试。”妖怪
bǎ tóu shēn guòqù, shuō : "Nà nǐ xiān ná Lǎo Sūn de tóu shìshi." Yāoguài

举耙用力朝悟空头上打来，只听“丁当”声响，火
jǔ pá yònglì cháo Wùkōng tóu shàng dǎ lái, zhǐ tīng "dīngdāng" shēng xiǎng, huǒ-

花四溅，悟空的脑袋一点皮也没破。“好硬的猴头！
huā sì jiàn, Wùkōng de nǎodai yìdiǎn pí yě méi pò. "Hǎo yìng de hóu tóu!

你不在花果山为王，怎么跑到我门上来欺负人？”
Nǐ bú zài Huāguǒshān wéi wáng, zěnme pǎodào wǒ ménshang lái qīfu rén?"

悟空说：“我早已皈依佛门，保护师父唐僧去西天
Wùkōng shuō : "Wǒ zǎoyǐ guīyī fómén, bǎohù shīfu Tángsēng qù Xītiān

取经，路过这里，听说你强占民女，才来找你算账。”
qǔjīng, lùguò zhèlǐ, tīngshuō nǐ qiángzhàn mínnǚ, cái lái zhǎo nǐ suànzhàng."

妖怪听了，丢开钉耙，行了个礼：“那取经人在哪里？
Yāoguài tīng le, diūkāi dīngpá, xíng le ge lǐ : "Nà qǔjīng rén zài nǎli?

请你帮我引见。观音菩萨早就对我说，叫我等那东
Qǐng nǐ bāng wǒ yǐnjiàn. Guānyīnpúsà zǎojiù duì wǒ shuō, jiào wǒ děng nà Dōng-

土大唐高僧，保他西天取经，将功折罪。”悟空带
tǔ dà Táng gāosēng, bǎo tā Xītiān qǔjīng, jiāng gōng zhé zuì." Wùkōng dài

他回到高老庄，把他领到师父面前。
tā huídào Gāolǎozhuāng, bǎ tā lǐngdào shīfu miànqián.

오공은 웃으며 말했다. "이것은 네놈이 고태공 집에서 밭을 갈고 야채를 가꾸던 쇠스랑이 아니냐?" 요괴가 말했다. "나의 이 쇠스랑은 상보손금파라 부르는데, 옥황상제님께서 친히 하사하신 보물로, 신선과 귀신들은 이것을 보면 모두 무서워서 벌벌 떤다." 오공은 이를 듣고는, 머리를 내밀며 말했다. "그렇다면 네가 먼저 이 손 어르신의 머리를 가져다 시험 좀 해 보거라." 요괴는 쇠스랑을 들어 있는 힘껏 오공의 머리 위를 향해 내리쳤는데, "댕그랑" 하는 소리만 들리고 불꽃이 사방으로 튈 뿐, 오공의 머리는 피부조차 조금도 상하지 않았다. "매우 단단한 원숭이 대가리로군! 네놈은 화과산에서 왕 노릇은 하지 않고, 왜 내 집 문 앞에 와서 사람을 괴롭히는 게냐?" 오공이 말했다. "나는 일찍이 불문에 귀의하여 사부님이신 삼장법사를 모시고 서천으로 불경을 구하러 가는 길이었다. 이곳을 지나가다 네놈이 민가의 딸을 억지로 빼앗았다는 말을 듣고는, 네놈과 결판을 내려고 찾아온 것이다." 요괴는 이를 듣고는, 쇠스랑을 내던지고 인사를 올리며, "불경을 구하려고 하는 분은 어디에 계십니까? 부디 제게 소개해 주십시오. 관음보살께서 일찍이 저에게 동녘 땅 당나라의 고승을 기다렸다가, 그분을 모시고 서천으로 불경을 구하러 가서 공을 세워 속죄하라고 하셨습니다." 오공은 그를 데리고 고로장으로 돌아와, 그를 사부 앞으로 데리고 갔다.

刨地 páodì 땅이나 밭을 파다 | 种菜 zhòngcài 야채를 재배하다 | 钦赐 qīncì 황제가 친히 하사(下賜)하다 | 颤 chàn 떨다 | 丁当 dīngdāng 댕그랑 (쇠붙이나 질그릇 따위가 부딪치는 소리) | 四溅 sìjiàn 사방으로 튀다 | 引见 yǐnjiàn 소개하다 | 将功折罪 jiāng gōng zhé zuì 공을 세워 속죄하다

妖怪双膝下跪，对唐僧说：“师父在上，弟子
Yāoguài shuāng xī xiàguì, duì Tángsēng shuō : "Shīfu zài shàng, dìzǐ

失迎，早知师父住在我丈人家，何必费这许多波折。”
shīyíng, zǎo zhī shīfu zhùzài wǒ zhàngrén jiā, hébì fèi zhè xǔduō bōzhé."

唐僧十分高兴，准备给他起个法名。妖怪说：“观
Tángsēng shífēn gāoxìng, zhǔnbèi gěi tā qǐ ge fǎmíng. Yāoguài shuō : "Guān-

音已经给我起了法名‘悟能’，从那时起，我就不
yīn yǐjing gěi wǒ qǐ le fǎmíng 'Wùnéng', cóng nàshí qǐ, wǒ jiù bù

吃五荤[6]三厌[7]了。”唐僧说：“既然你戒了五荤三
chī wǔhūn sānyàn le." Tángsēng shuō : "Jìrán nǐ jiè le wǔhūn sān-

厌，我再给你起个别名叫‘猪八戒’吧。”猪八戒
yàn, wǒ zài gěi nǐ qǐ ge biémíng jiào 'Zhū Bājiè' ba." Zhū Bājiè

满心欢喜，说：“谨尊师命。”
mǎnxīn huānxǐ, shuō : "Jǐn zūnshī mìng."

요괴는 두 무릎을 꿇고, 삼장법사에게 말했다. "사부님께서 오셨는데, 제자가 마중을 나가지 못해 죄송합니다. 일찍 사부님께서 제 장인 댁에 머무신다는 것을 알았더라면, 구태여 이 많은 우여곡절을 겪을 필요가 있었겠습니까?" 삼장법사는 매우 기뻐하며, 그에게 법명을 지어주려고 하였다. 요괴가 말했다. "관음보살께서 이미 제게 법명을 '오능'이라고 지어주셔서, 그때부터 저는 오훈삼염을 먹지 않았습니다." 삼장법사가 말했다. "기왕에 네가 오훈삼염을 끊었으니, 내 다시 너에게 '저팔계'라는 다른 이름을 지어주마." 저팔계는 진심으로 기뻐하며, "사부님의 명을 잘 따르겠습니다."라고 말했다.

6 **五荤** : 고기와 같이 불교에서 먹기를 금하는 식품. 맛이 맵고 냄새가 나는 다섯 가지 채소로, 마늘·부추·파·달래·생강(또는 산초)을 말한다.

7 **三厌** : 도교에서 잡아먹기를 금하는 세 가지 동물. 즉 하늘에서 부부간의 도리를 지켜 금실 좋은 기러기, 땅에서 사람의 집을 지켜주는 개, 그리고 물속에서 충성과 공경의 도리를 지킨다는 뱀장어를 말한다.

失迎 shīyíng 마중 나가지 못해 죄송합니다 ┃ **何必** hébì 구태여 ~할 필요가 있는가, ~할 필요가 없다 ┃ **波折** bōzhé 우여곡절, 풍파 ┃ **谨** Jǐn 조심하다, 신중히 하다 ┃ **尊师** zūnshī 스승이나 도사에 대한 존칭

唐僧命八戒挑了行李，悟空在前面牵马引路，
Tángsēng mìng Bājiè tiāo le xíngli, Wùkōng zài qiánmian qiān mǎ yǐnlù,

师徒三个继续向西行进。光阴飞逝，历夏经秋。这
shītú sān ge jìxù xiàng xī xíngjìn. Guāngyīn fēishì, lì xià jīng qiū. Zhè-

天，唐僧师徒来到了流沙河。只见流沙河大水狂澜
tiān, Tángsēng shītú láidào le Liúshāhé. Zhǐjiàn Liúshāhé dà shuǐ kuánglán

一望无边。岸边上一块石碑，碑上写着："八百流
yí wàng wúbiān. Ànbiān shang yí kuài shíbēi, bēishang xiě zhe : "Bābǎi liú-

沙界，三千弱水深，鹅毛漂不起，芦花定底沉。"
shā jiè, sānqiān ruòshuǐ shēn, émáo piāo bu qǐ, lúhuā dìng dǐchén."

师徒三人正看碑文，忽然河水浪涌如山，波涛
Shītú sān rén zhèng kàn bēiwén, hūrán héshuǐ làng yǒng rú shān, bōtāo

翻滚，从水里呼啦啦钻出一个妖怪。只见他一头红
fāngǔn, cóng shuǐli hūlālā zuānchū yí ge yāoguài. Zhǐjiàn tā yì tóu hóng-

发披散着，灯泡似的眼睛，蓝色的脸，脖子上挂着
fà pīsan zhe, dēngpào shìde yǎnjing, lánsè de liǎn, bózi shang guà zhe

九颗人头骷髅，手持铲杖，直奔唐僧而来。悟空见
jiǔ kē réntóu kūlóu, shǒuchí chǎnzhàng, zhíbèn Tángsēng ér lái. Wùkōng jiàn

了急忙抱住师父往后面躲避，八戒放下担子抡起钉
le jímáng bàozhù shīfu wǎng hòumian duǒbì, Bājiè fàngxià dānzi lūnqǐ dīng-

耙就打。那妖怪使宝杖招架，他两个就在河滩上打
pá jiù dǎ. Nà yāoguài shǐ bǎozhàng zhāojià, tā liǎng ge jiù zài hétān shang dǎ-

斗起来，杀得难解难分。悟空见八戒一时胜不了妖
dòu qǐlái, shā de nán jiě nán fēn. Wùkōng jiàn Bājiè yìshí shèng bu liǎo yāo-

怪，跑过来帮忙。妖怪听到头顶上有风声，急忙躲
guài, pǎo guòlái bāngmáng. Yāoguài tīngdào tóudǐng shang yǒu fēngshēng, jímáng duǒ

过铁棒，一头钻进河水里，不见了。
guò tiěbàng, yìtóu zuānjìn héshuǐ li, bú jiàn le.

　삼장법사는 팔계에게 봇짐을 짊어지게 하고, 오공에게는 앞에서 말을 끌며 길을 인도하라고 명하고는, 사부와 제자 세 사람은 계속해서 서쪽을 향하여 나아갔다. 시간은 쏜살같이 흘러 여름이 지나 가을로 접어들었다. 이날, 삼장법사 일행은 유사하에 도착하였다. 언뜻 보니 유사하는 넓고 거센 물결이 끝없이 펼쳐져 있었다. 강 언덕에 돌 비석 하나가 있었는데, 비석에는 "유사하의 경계가 팔백 리요, 약수의 깊이가 삼천 리라, 거위의 깃털도 떠오르지 못하고, 갈대꽃도 바닥에 가라앉히네."라고 쓰여 있었다.

　사부와 제자 세 사람이 한창 비문을 보고 있는데, 갑자기 강물이 물결을 일으켜 산처럼 용솟음치더니 파도가 소용돌이치며, 물 속에서 '후다닥' 하고 요괴 한 마리가 튀어 나왔다. 살펴보니 그는 온 머리에 붉은 머리를 풀어 헤치고, 전구 같은 눈에, 푸른색 얼굴에, 목에는 아홉 개의 사람 해골바가지를 걸고, 손에 삽 같은 지팡이를 쥐고서 곧장 삼장법사를 향해 달려왔다. 오공은 이를 보고는 재빨리 사부를 부둥켜안아서 뒤쪽으로 피했고, 팔계는 짐을 내려놓고 쇠스랑을 휘두르며 덤벼들었다. 그 요괴는 보물 지팡이로 막아냈고, 그들 둘은 곧 강가 모래사장에서 싸우기 시작했는데, 서로 승부를 가리기가 어려울 정도였다. 오공은 팔계가 짧은 시간 내에 요괴를 이기지 못하는 것을 보고 달려와서 도왔다. 요괴는 머리 위쪽에서 바람 소리가 나는 것을 듣고는, 재빨리 여의봉을 피해, 그 길로 강물 속으로 뛰어 들어가서는 보이지 않았다.

飞逝 fēishì 시간이 빨리 가다　｜　历 lì (세월·시간이) 지나다　｜　狂澜 kuánglán 세찬 물결　｜　无边 wúbiān 끝없다, 한없이 넓다　｜　鹅毛 émáo 거위의 깃털　｜　芦花 lúhuā 갈대꽃　｜　碑文 bēiwén 비문　｜　浪 làng 물결을 일으키다　｜　涌 yǒng (물이 솟아나오는 것 같이) 갑자기 한꺼번에 나오다　｜　波涛 bōtāo 파도　｜　翻滚 fāngǔn 소용돌이치다, 용솟음치다　｜　呼啦 hūlā 후다닥, 우르르　｜　披散 pīsan 머리를 풀어 헤치다　｜　灯泡 dēngpào 전구　｜　颗 kē 둥글고 작은 알맹이 모양과 같은 것을 세는 데 쓰임　｜　骷髅 kūlóu 해골　｜　铲 chǎn 삽, 주걱　｜　杖 zhàng 지팡이, 막대기　｜　担子 dānzi 짐　｜　招架 zhāojià 막아내다　｜　河滩 hétān (강가의) 모래사장

二人来到师父跟前，八戒说：“那妖怪就快被
Èr rén láidào shīfu gēnqián, Bājiè shuō : "Nà yāoguài jiù kuài bèi

俺老猪打败了，眼看要捉住他了，谁知猴哥半路上
ǎn lǎo Zhū dǎbài le, yǎnkàn yào zhuōzhù tā le, shéi zhī hóu gē bànlù shang

插一杠子，他还能不跑？”唐僧说：“降不了这妖
chā yí gàngzi, tā hái néng bù pǎo?" Tángsēng shuō : "Xiáng bu liǎo zhè yāo-

怪，这河就难过了。”悟空想了想说：“八戒，你
guài, zhè hé jiù nán guò le." Wùkōng xiǎng le xiǎng shuō : "Bājiè, nǐ

水性比我强，不如你下水找他交战。”八戒说：
shuǐxìng bǐ wǒ qiáng, bùrú nǐ xià shuǐ zhǎo tā jiāozhàn." Bājiè shuō :

“不是我夸口，老猪当年掌管天河八万水兵，懂得
"Búshì wǒ kuākǒu, Lǎo Zhū dāngnián zhǎngguǎn tiānhé bāwàn shuǐbīng, dǒngde

水性。”悟空说：“见了那妖怪，只许败不许胜，
shuǐxìng." Wùkōng shuō : "Jiàn le nà yāoguài, zhǐxǔ bài bùxǔ shèng,

你把他引诱上岸，我来收拾他。”
nǐ bǎ tā yǐnyòu shàng'àn, wǒ lái shōushi tā."

八戒拿起钉耙，分开水路，一头扎到河底。见
Bājiè náqǐ dīngpá, fēnkāi shuǐlù, yìtóu zhādào hédǐ. Jiàn-

到妖怪，八戒喝道：“你是什么妖怪，敢在流沙
dào yāoguài, Bājiè hèdào : "Nǐ shì shénme yāoguài, gǎnzài Liúshā-

河拦路！”妖怪说：“谁是妖怪？我是天宫卷帘大
hé lánlù!" Yāoguài shuō : "Shéi shì yāoguài? Wǒ shì tiāngōng Juǎnliándà

将。”八戒说：“胡说！你脖子上挂着人头骨，明
jiàng." Bājiè shuo : "Húshuō! Nǐ bózi shang guà zhe réntóu gǔ, míng-

明是吃人的妖魔，还冒充天神，谁相信！”
míng shì chī rén de yāomó, hái màochōng tiānshén, shéi xiāngxìn!"

두 사람은 사부 곁으로 왔고, 팔계가 말했다. "그 요괴 놈은 머지않아 이 팔계에게 무참하게 패하여, 놈을 잡는 것이 눈앞에 보였는데, 생각지도 않게 오공 형님이 중간에 쇠막대기로 끼어들었으니, 그놈이 어찌 도망치지 않을 수 있었겠어요?" 삼장법사가 말했다. "그 요괴를 항복시키지 못하면 이 강은 건너기 어렵단다." 오공이 생각을 좀 하더니 말했다. "팔계야, 너는 수영 기술이 나보다 나으니, 네가 물속으로 들어가 그를 찾아 싸우는 편이 좋겠다." 팔계가 말했다. "허풍이 아니라 저 팔계는 왕년에 은하수 팔만 수병을 통솔했기에, 물의 성질에 대해서는 잘 알고 있어요." 오공이 말했다. "그 요괴 녀석을 만나거든, 지기만 하고 이기지는 말아라. 네가 그를 육지에 오도록 유인하면, 내가 그 놈을 처리할게."

팔계는 쇠스랑을 들고, 물길을 가르며 곧장 강바닥까지 뚫고 들어갔다. 요괴를 만나, 팔계가 큰소리로 말했다. "네놈은 무슨 요괴이기에, 감히 유사하에서 길을 막는 것이냐!" 요괴가 말했다. "누가 요괴란 말이냐? 나는 천궁의 권렴대장이시다." 팔계가 말했다. "허튼 소리! 네 목에 해골바가지가 걸려있으니, 분명 사람을 잡아먹는 요괴임에 틀림없거늘, 그래도 천신을 사칭하다니, 누가 믿겠느냐!"

杠子 gàngzi 굵은 막대기, 철봉 ┃ **夸口** kuākǒu 허풍을 떨다 ┃ **水性** shuǐxìng 수영 기술, 물의 성질 ┃ **引诱** yǐnyòu 유인하다, 유혹하다 ┃ **收拾** shōushi 해치우다, 벌을 주다, 정리하다 ┃ **扎** zhā 뚫고 들어가다 ┃ **拦路** lánlù 길을 막다 ┃ **冒充** màochōng 사칭하다, 가장하다

妖怪不再回答，只顾抡着宝杖朝八戒打来，八
戒也挥着钉耙迎战。两人从水底一直打到水面，八
戒假装败退，虚晃一耙朝岸上逃跑。妖怪以为八戒
败了，一直追到岸边。悟空性急，跳出来举棒就
打。妖怪见了悟空，不敢交手，嗖的一声又钻进河
里。

第二天早上，悟空又叫八戒下水。那妖怪才刚
刚睡醒，见八戒又来了，迎面拦住，大喝一声：
"看杖！"八戒举耙架住。两个人战了三十多个回
合，不分胜败。八戒又使上次的计策，假装败退。
那妖怪随后追来，一直追到水面。八戒叫道："妖
怪！有本事你上来打！"那妖怪说："你哄我上
去，又找帮手来。有本事你下水来打！"

요괴는 더 이상 대답하지 않고, 다만 보물 지팡이를 휘두르며 팔계를 향해 공격해왔고, 팔계도 쇠스랑을 휘두르며 맞서 싸웠다. 두 사람은 강바닥에서 수면에 이를 때까지 계속해서 싸웠다. 팔계는 짐짓 패하여 도망가는 체하며, 괜스레 쇠스랑을 한 번 휘두르고 언덕 위를 향해 달아났다. 요괴는 팔계가 패했다고 생각하고는, 계속해서 언덕 쪽까지 쫓아왔다. 오공은 성급하게 뛰쳐나와 여의봉을 들고 공격을 가했다. 요괴는 오공을 보고는 감히 맞서 싸우지 못하고, '휙' 하는 소리와 함께 다시 강 속으로 들어가 버렸다.

다음날 아침, 오공은 또다시 팔계에게 물속으로 들어가게 하였다. 그 요괴는 이제 막 잠에서 깨어난 참에 팔계가 다시 온 것을 보고는, 앞을 가로 막으며 크게 소리쳤다. "지팡이를 받아라!" 팔계는 쇠스랑을 들어 막아냈다. 두 사람은 서른여 합을 싸웠으나, 승부를 가릴 수 없었다. 팔계는 또다시 지난번의 계책을 사용하여, 거짓으로 패하여 도망가는 체하였다. 그 요괴는 뒤이어 쫓아왔고, 계속해서 수면까지 쫓아왔다. 팔계가 외쳤다. "요괴 놈아! 능력이 있으면 올라와서 덤벼봐라!" 그 요괴가 말했다. "네놈이 날 꾀여 올라가게 하고는, 다시 조력자를 불러오려고. 능력이 있다면 네놈이나 물속으로 들어와 덤벼라!"

交手 jiāoshǒu 맞붙어 싸우다 | 嗖 sōu 휙, 씽 (신속하게 지나가는 소리를 형용함) | 睡醒 shuìxǐng 잠에서 깨어나다, 잠이 깨다 | 帮手 bāngshou 일을 거들어 주는 사람, 조수

　　悟空见那妖怪不肯上岸，心急如焚，就跳到半
Wùkōng jiàn nà yāoguài bùkěn shàng àn, xīn jí rú fén, jiù tiàodào bàn-

空，刷地落下来，要抓那妖怪。那妖怪慌忙潜入水
kōng, shuādì luò xiàlái, yào zhuā nà yāoguài. Nà yāoguài huāngmáng qiánrù shuǐ-

中。兄弟俩没有办法，只好去见师父。唐僧听说妖
zhōng. Xiōngdì liǎ méiyǒu bànfǎ, zhǐhǎo qù jiàn shīfu. Tángsēng tīngshuō yāo-

怪难捉，流着眼泪说："那我们怎么渡河呀！"悟
guài nán zhuō, liú zhe yǎnlèi shuō : "Nà wǒmen zěnme dù hé ya!" Wù-

空连忙安慰："师父不要着急，等我老孙到南海去
kōng liánmáng ānwèi : "Shīfu búyào zháojí, děng wǒ Lǎo Sūn dào Nánhǎi qù

找观音菩萨。"
zhǎo Guānyīnpúsà."

　　悟空驾起筋斗云，不多一会儿就到了南海普
Wùkōng jiàqǐ jīndǒuyún, bù duō yíhuìr jiù dào le Nánhǎi Pǔ-

陀山。观音正和龙女观赏莲花，看见悟空，问：
tuóshān. Guānyīn zhèng hé lóngnǚ guānshǎng liánhuā, kànjiàn Wùkōng, wèn :

"你不保护师父赶路，来南海干什么？"悟空就把
"Nǐ bù bǎohù shīfu gǎnlù, lái Nánhǎi gàn shénme?" Wùkōng jiù bǎ

在流沙河遇到阻拦的事说了一遍。观音说："那流
zài Liúshāhé yùdào zǔlán de shì shuō le yí biàn. Guānyīn shuō : "Nà Liú-

沙河的妖怪，本是灵霄宝殿上的卷帘大将，只因在
shāhé de yāoguài, běnshì Língxiāobǎodiàn shang de Juǎnliándàjiàng, zhǐ yīn zài

蟠桃会上失手打碎玻璃盏，被玉帝贬下界来。也是
pántáohuì shang shīshǒu dǎsuì bōlízhǎn, bèi Yùdì biǎn xiàjiè lái. Yě shì

我劝他皈依佛门，在这里等候取经师父。你要说是
wǒ quàn tā guīyī fómén, zài zhèlǐ děnghòu qǔjīng shīfu. Nǐ yào shuō shì

东土取经人，他早就归顺了。"
Dōngtǔ qǔjīng rén, tā zǎojiù guīshùn le".

　오공은 그 요괴가 언덕으로 올라오려 하지 않는 것을 보고 불이 타오르는 것처럼 마음이 조급해지자, 공중으로 날아올랐다 별안간 아래로 떨어지면서 그 요괴를 잡아채려 하였다. 그 요괴는 황급히 물속으로 들어가 버렸다. 형제 두 사람은 방법이 없어서 하는 수 없이 사부를 뵈러 갔다. 삼장법사는 요괴를 붙잡는 것이 어렵다는 이야기를 듣고는, 눈물을 흘리며 말했다. "그럼 우리는 어떻게 강을 건너가야 한단 말이냐!" 오공이 서둘러 위로하였다. "사부님, 조급해하지 마세요, 제가 남해에 가서 관음보살을 찾아볼 테니 기다리고 계세요."

　오공은 근두운을 몰고 오래 지나지 않아 남해 보타산에 도착하였다. 관음보살은 마침 용녀와 연꽃을 감상하고 있다가, 오공을 보자 물었다. "네놈은 사부를 보필하여 길이나 서두를 일이지, 남해에는 뭐하러 왔느냐?" 오공은 곧바로 유사하에서 저지당한 일을 처음부터 끝까지 말했다. 관음보살이 말했다. "그 유사하의 요괴는 원래 영소보전의 권렴대장으로, 단지 선도 잔치에서 손을 놓쳐 유리잔을 깨는 바람에 옥황상제께서 인간 세계로 유배시켰단다. 또한 내가 그를 불문에 귀의시켜 이곳에서 경전을 가지러 가는 사부를 기다리라고 했었지. 네놈이 진작 동녘 땅에서 경전을 가지러 가는 사람이라고만 말했어도, 그는 일찌감치 귀순했을 것이다."

心急如焚 xīn jí rú fén 마음이 불타는 듯 초조하다　｜　**刷地** shuādì 별안간, 갑자기　｜　**安慰** ānwèi 위로하다, 위안하다　｜　**观赏** guānshǎng 감상하다, 보면서 즐기다　｜　**莲花** liánhuā 연꽃　｜　**赶路** gǎnlù 길을 재촉하다, 서둘러 가다　｜　**失手** shīshǒu 손을 놓치다　｜　**玻璃盏** bōlízhǎn 유리잔

悟空说：“那妖怪怕了我们，再不肯从水里出
Wùkōng shuō : "Nà yāoguài pà le wǒmen, zài bùkěn cóng shuǐli chū-

来，我们怎样才能对他说明白呀？”观音把木叉叫
lái, wǒmen zěnyàng cái néng duì tā shuō míngbai ya?" Guānyīn bǎ Mùchā jiào

来，拿出一个红葫芦，吩咐道：“你拿了这葫芦，
lái, náchū yí ge hóng húlu, fēnfù dào : "Nǐ ná le zhè húlu,

同悟空一起到流沙河水面上，喊三声‘悟净’，他
tóng Wùkōng yìqǐ dào Liúshāhé shuǐmiàn shang, hǎn sān shēng 'Wùjìng', tā

就出来了，让他拜唐僧为师，然后把他脖子上的九
jiù chūlái le, ràng tā bài Tángsēng wéi shī, ránhòu bǎ tā bózi shang de jiǔ

颗骷髅穿在一起，把葫芦放中间，就是一条船，可
kē kūlóu chuānzài yìqǐ, bǎ húlu fàng zhōngjiān, jiùshì yì tiáo chuán, kě-

以渡唐僧过流沙河。”
yǐ dù Tángsēng guò Liúshāhé."

　　木叉捧了葫芦，和悟空一起辞别菩萨，不多时
　　Mùchā pěng le húlu, hé Wùkōng yìqǐ cíbié púsà, bùduōshí

就来到了流沙河。木叉厉声高叫：“悟净！悟净！
jiù láidào le Liúshāhé. Mùchā lìshēng gāo jiào : "Wùjìng! Wùjìng!

取经人已经来了，还不快来拜见师父！”那悟净
Qǔjīng rén yǐjing lái le, hái bú kuài lái bàijiàn shīfu!" Nà Wùjìng

听见有人喊他的法名，急忙跳出水面，
tīngjiàn yǒu rén hǎn tā de fǎmíng, jímáng tiàochū shuǐmiàn,

问：“取经人在哪儿？”木叉用手
wèn : "Qǔjīng rén zài nǎr?" Mùchā yòng shǒu

一指：“坐在高处的就是。”
yì zhǐ : "Zuòzài gāochù de jiù shì."

오공이 말했다. "그 요괴는 저희를 무서워하여, 다시는 물속에서 나오려 하지 않는데, 저희가 어떻게 해야 그놈에게 자초지종을 이야기할 수 있을까요?" 관음보살은 목차를 불러 붉은 조롱박 하나를 꺼내주면서 분부하였다. "너는 이 조롱박을 가지고 오공과 함께 유사하 물가로 가서 '오정아'라고 세 번 큰소리로 부르면, 그가 곧바로 나올 것이니, 그를 삼장법사께 인사드리고 사부로 섬기게 하여라. 그리고 나서 그의 목에 있는 아홉 개의 해골바가지를 같이 꿰어놓고 조롱박을 중간에 놓으면, 한 척의 배가 될 것이니 삼장법사가 유사하를 건널 수 있을 것이다."

목차는 조롱박을 받쳐 들고, 오공과 함께 관음보살에게 하직인사를 하고, 얼마 되지 않아 유사하에 도착하였다. 목차는 엄한 목소리로 크게 소리쳤다. "오정아! 오정아! 경전을 가지러 가는 분들이 벌써 오셨거늘, 아직도 사부님을 만나 뵈러 서둘러 나오지 않는 게냐!" 오정은 누가 자기의 법명을 부르는 소리를 듣고, 급히 수면으로 뛰쳐나와 물었다. "경전을 가지러 가는 분은 어디에 계신지요?" 목차가 손으로 가리켰다. "높은 곳에 앉아 계시는 분이 바로 그 분이시다."

葫芦 húlu 조롱박　｜　不多时 bùduōshí 잠깐 동안, 이윽고, 곧　｜　厉声 lìshēng 호된 목소리, 목소리를 크고 엄하게 하여

悟净来到师父面前，双膝下跪：“师父，弟子
Wùjìng láidào shīfu miànqián, shuāng xī xiàguì : "Shīfu, dìzǐ

有眼无珠，不认得师父的尊容，多有冲撞，万望恕
yǒu yǎn wú zhū, bú rènde shīfu de zūnróng, duō yǒu chōngzhuàng, wàn wàng shù

罪。”唐僧说：“你果然诚心皈依吗？”悟净回
zuì." Tángsēng shuō : "Nǐ guǒrán chéngxīn guīyī ma?" Wùjìng huí-

答：“弟子蒙菩萨教化，给我起了一个法名，叫做
dá : "Dìzǐ méng púsà jiàohuà, gěi wǒ qǐ le yí ge fǎmíng, jiàozuò

沙悟净，岂有不从师父之理！”唐僧说：“既然这
Shā Wùjìng, qǐ yǒu bù cóng shīfu zhī lǐ!" Tángsēng shuō : "Jìrán zhè-

样，悟空，取戒刀[8]来，给他落发。”
yàng, Wùkōng, qǔ jièdāo lái, gěi tā luòfà."

　오정은 사부 앞에 와서 두 무릎을 꿇었다. “사부님, 이놈이 눈뜬 장님이라 사부님의 존안을 몰라 뵙고, 마음에 들지 않는 짓을 많이 저질렀습니다. 부디 용서하여 주십시오.” 삼장법사가 말했다. “너는 정말 진심으로 불문에 귀의하려는 게냐?” 오정이 대답했다. “제자는 관음보살님의 교화를 받아, 제게 법명까지 지어 주시어 사오정이라 하셨는데, 어찌 사부님을 따르지 않겠습니까?” 삼장법사가 말했다. “기왕에 이렇게 된 것이니 오공아, 계도를 가지고 와서 그의 머리를 삭발하여 승려가 되도록 해주어라.”

8 戒刀：승려들이 몸에 달고 다니던 칼로, 계율에 옷과 일상용품을 자르는 데만 쓸 수 있고, 살생을 하는 데는 쓸 수 없다고 규정되어 있다.

尊容 zūnróng 존안; 남의 얼굴을 높여 이르는 말　┃　冲撞 chōngzhuàng 화나게 하다, 비위를 거스르다　┃　万望恕罪 wàn wàng shù zuì 부디 용서해 주십시오　┃　蒙 méng 받다, 입다　┃　岂 qǐ 어찌 ~하겠는가?　┃　落发 luòfà 머리를 깎고 중이 되다

悟空按照师父吩咐，给他剃了头。唐僧指着流
Wùkōng ànzhào shīfu fēnfù, gěi tā tì le tóu. Tángsēng zhǐ zhe Liú-

沙河给他起了个别号叫"沙和尚"，俗称"沙僧"。
shāhé gěi tā qǐ le ge biéhào jiào "Shāhéshang", súchēng "Shāsēng".

沙僧解下脖子上的九颗骷髅，用绳子结起，把
Shāsēng jiěxià bózi shang de jiǔ kē kūlóu, yòng shéngzi jiéqǐ, bǎ

观音的红葫芦安在中间。葫芦一着水，突然长大，
Guānyīn de hóng húlu ānzài zhōngjiān. Húlu yì zháoshuǐ, tūrán zhǎngdà,

顿时变成一只大船。唐僧上了船，左面有八戒扶
dùnshí biànchéng yì zhī dàchuán. Tángsēng shàng le chuán, zuǒmiàn yǒu Bājiè fú-

持，右面有沙僧保护，悟空牵了白马，半云半雾地
chí, yòumiàn yǒu Shāsēng bǎohù, Wùkōng qiān le báimǎ, bàn yún bàn wù de

跟在后面，头顶上有木叉护送。流沙河上风平浪
gēn zài hòumiàn, tóudǐng shang yǒu Mùchā hùsòng. Liúshāhé shang fēng píng làng

静，船如飞似箭，不多一会儿就到了对岸。木叉收
jìng, chuán rú fēi sì jiàn, bùduō yíhuìr jiù dào le duì'àn. Mùchā shōu

了葫芦，回南海去了。那九颗骷髅化做九股清风，
le húlu, huí Nánhǎi qù le. Nà jiǔ kē kūlóu huàzuò jiǔ gǔ qīngfēng,

风逝云散了。
fēng shì yún sàn le.

唐僧朝南海方向叩谢了菩萨，命悟空在前面带
Tángsēng cháo Nánhǎi fāngxiàng kòuxiè le púsà, mìng Wùkōng zài qiánmian dài-

路，八戒牵马，沙僧挑担，师徒
lù, Bājiè qiān mǎ, Shāsēng tiāodàn, shītú

四人继续向西行进。
sì rén jìxù xiàng xī xíngjìn.

오공은 사부의 분부대로 그의 머리를 깎아주었다. 삼장법사는 유사하를 가리키며 그에게 '사화상'이라고 별명을 지어 주었는데, 세간에서는 '사승'이라 불렀다.

오정은 목에 있던 아홉 개의 해골바가지를 풀어 새끼줄로 엮고, 관음보살의 붉은 조롱박을 가운데 배치하였다. 조롱박이 물에 닿자, 갑자기 커지더니 눈 깜짝할 사이에 큰 배 한 척으로 변했다. 삼장법사가 배에 오르니, 왼쪽에서는 팔계가 부축하고 오른쪽에서는 오정이 보호하며, 오공은 백마를 끌고 구름인 듯 안개인 듯 뒤쪽에서 따랐고, 뱃머리에서는 목차가 호위하였다. 유사하는 바람이 고요하고 파도는 잔잔하였고, 배는 화살이 날아가듯 하더니, 얼마 지나지 않아 맞은편 기슭에 도착하였다. 목차는 조롱박을 거두어들이고는 남해로 돌아갔다. 그 아홉 개의 해골바가지는 아홉 줄기의 신선한 바람으로 변하여, 바람도 사라지고 구름도 흩어졌다.

삼장법사는 남해 쪽을 향하여 관음보살에게 공손히 절하고는, 오공에게 앞장서 길을 인도하고, 팔계에게는 말을 끌며 오정에게는 짐을 짊어지도록 하였다. 사부와 제자 네 사람은 계속해서 서쪽을 향해 나아갔다.

剃 tì (칼로 머리, 수염 따위를) 깎다, 밀다 ｜ **别号** biéhào 별명 ｜ **俗称** súchēng 세간에서 부르다 ｜ **安** ān 설치하다, 고정시켜 놓다 ｜ **着水** zháoshuǐ 물에 젖다 ｜ **扶持** fúchí 부축하다, 보살피다 ｜ **半…半…** bàn…bàn… 서로 상반되는 의미를 지닌 두 개의 단어 앞에 쓰여 상대적인 두 가지의 성질 또는 상태가 동시에 존재하는 것을 나타냄 ｜ **护送** hùsòng 호송하다 ｜ **风平浪静** fēng píng làng jìng 바람이 고요하고 파도는 잔잔하다 ｜ **箭** jiàn 화살 ｜ **逝** shì 사라지다, 소실되다 ｜ **散** sàn 흩어지다, 분산하다 ｜ **叩谢** kòuxiè 공손히 절하다, 머리를 조아리며 사례하다 ｜ **带路** dàilù 길안내하다 ｜ **挑担** tiāodàn 짐을 짊어지다

1 **본문을 읽고 다음 물음에 답하시오.**

(1) 在蛇盘山鹰愁涧，把唐僧骑的白马一口吞吃下去的小白龙本是?

    A. 天河里的天蓬元帅

    B. 西海龙王敖闰的太子

    C. 灵霄宝殿上的卷帘大将

(2) 师徒二人来到高老庄，遇到一名姓猪的壮汉，他使用的工具为何?

    A. 铲杖　　　　　　B. 九股叉　　　　　　C. 九齿钉耙

(3) 为渡唐僧过流沙河，南海观音菩萨交给木叉何物?

    A. 红葫芦　　　　　B. 玉液琼浆　　　　　C. 九颗骷髅

2 **다음 문장을 자연스러운 우리말로 옮기시오.**

(1) 八百流沙界，三千弱水深，鹅毛漂不起，芦花定底沉。

    ➡

(2) 师父，弟子有眼无珠，不认得师父的尊容，多有冲撞，万望恕罪。

    ➡

3 녹음을 듣고 빈칸에 들어갈 말을 써 넣으시오.

(1) 只是过了不久喝醉了酒，（　　　）了本相，由一个黑胖大汉变成了长嘴大耳朵的妖怪，（　　　）一头猪。

(2) 师父在上，弟子（　　　），早知师父住在我丈人家，（　　　）费这许多波折。

(3) 见了那妖怪，只许败不许胜，你把他（　　　）上岸，我来（　　　）他。

4 다음 문장을 자연스러운 중국어로 옮기시오.

(1) 세월은 덧없이 흘러, 북두성이 방향을 틀고 뭇별들이 자리를 옮기더니, 눈 깜짝할 사이에 오백 년이 흘렀다.

　➡

(2) 유사하는 바람이 고요하고 파도는 잔잔하였고, 배는 화살이 날아가듯 하더니, 얼마 지나지 않아 맞은편 기슭에 도착하였다.

　➡

三打白骨精

这一天，师徒四人来到一座高山峻岭，只觉阴
Zhè yì tiān, shītú sì rén láidào yí zuò gāoshān jùnlǐng, zhǐ jué yīn-

风习习。唐僧说："这座山有些怕人，连白马腿都
fēng xíxí. Tángsēng shuō : "Zhè zuò shān yǒuxiē pàrén, lián báimǎ tuǐ dōu

打颤，大家要小心些。"悟空说："师父说的是，八
dǎzhàn, dàjiā yào xiǎoxīn xiē." Wùkōng shuō : "Shīfu shuō de shì, Bā-

戒和沙僧扶着你上马慢慢走，我在前面开路。"
jiè hé Shāsēng fú zhe nǐ shàngmǎ mànmàn zǒu, wǒ zài qiánmian kāilù."

悟空在马前舞着铁棒，大喝一声，吓得满山野
Wùkōng zài mǎ qián wǔ zhe tiěbàng, dàhè yì shēng, xià de mǎnshān yě-

兽纷纷躲闪。走到晌午，唐僧说："悟空，咱们走
shòu fēnfēn duǒshǎn. Zǒu dào shǎngwǔ, Tángsēng shuō : "Wùkōng, zánmen zǒu

了多半天，肚子有些饿了，你去化些斋[1]来，吃饱饭
le duō bàntiān, dùzi yǒuxiē è le, nǐ qù huà xiē zhāi lái, chībǎo fàn

再走。"悟空说："这地方前不着村，后不着店，上
zài zǒu." Wùkōng shuō : "Zhè dìfang qián bù zháo cūn, hòu bù zháo diàn, shàng

哪儿化斋呀。"八戒嚷道："早起就没吃饱，再不弄
nǎr huà zhāi ya." Bājiè rǎngdào : "Zǎoqǐ jiù méi chībǎo, zài bú nòng

点吃的，非饿倒在这山顶上不可。"
diǎn chī de, fēi è dǎo zài zhè shāndǐng shang bùkě."

백골요괴를 세 번 때려죽이다

이날, 사부와 제자 네 사람은 산세가 험한 높은 산에 이르렀는데, 음산한 바람이 솔솔 부는 것이 느껴졌다. 삼장법사가 말했다. "이 산은 좀 무섭구나, 백마도 다리를 벌벌 떠는 것을 보니, 모두들 조심해야 되겠다." 오공이 말했다. "사부님 말씀이 맞아요. 팔계와 오정은 사부님께서 말을 타고 천천히 가시도록 도와드리고, 저는 앞에서 길을 인도할게요."

오공이 말 앞에서 여의봉을 휘두르면서 크게 소리치자, 온 산의 짐승들이 놀라 잇달아 몸을 숨겼다. 점심때가 되자, 삼장법사가 말했다. "오공아, 우리 한 나절이 넘도록 걸었더니 배가 좀 고프구나, 네가 가서 동냥 좀 해 와, 밥을 배불리 먹고 다시 가자꾸나." 오공이 말했다. "이곳은 앞으로 가도 마을에 닿지 못하고 뒤로 가도 주막에 이르지 못하는 곳인데, 어디에 가서 동냥해오란 말씀이세요?" 팔계가 큰 소리로 말했다. "아침부터 배불리 먹지 못했는데, 조금이라도 더 먹지 않으면, 분명 이 산꼭대기에서 배가 고파 쓰러지고 말 거예요."

1 **化斋** : (중이나 도사가) 동냥하다 ; 斋는 승려나 도사와 같이 출가한 사람들이 일반 사람들에게 시주 받은 음식물을 말한다.

峻岭 jùnlǐng 높고 험한 고개 ∣ 阴风 yīnfēng 음산한 바람 ∣ 习习 xíxí 솔솔 (바람이 가볍게 부는 모양) ∣ 怕人 pàrén 무섭다 ∣ 打颤 dǎzhàn (추위·공포 따위로) 떨다 ∣ 开路 kāilù 맨 앞에서 인도하다 ∣ 舞 wǔ 휘두르다 ∣ 纷纷 fēnfēn 잇달아, 계속하여 ∣ 躲闪 duǒshǎn 몸을 살짝 비키다 ∣ 晌午 shǎngwǔ 점심때, 한낮 ∣ 非…不可 fēi…bùkě 반드시 ～하지 않으면 안 된다

悟空只好跳上一座高峰，手搭凉篷四面张望。
Wùkōng zhǐhǎo tiàoshàng yí zuò gāofēng, shǒu dā liángpéng sì miàn zhāngwàng.

悟空跳下来说："这山上荒无人烟，倒是南边山崖
Wùkōng tiào xiàlái shuō : "Zhè shānshang huāng wú rén yān, dàoshì nánbiān shānyá

下一片红色，想是长熟了的山桃野果。我去摘些来。"
xià yí piàn hóngsè, xiǎng shì zhǎngshú le de shāntáo yěguǒ. Wǒ qù zhāi xiē lái."

说罢，拿上钵盂奔南山而去。
Shuō bà, náshàng bōyú bèn Nánshān ér qù.

这白虎岭上白骨洞里住着一个妖精，名叫"白
Zhè Báihǔlǐng shang Báigǔdòng li zhù zhe yí ge yāojing, míng jiào "Bái-

骨夫人"。路过的行人马匹，都是她的美餐。这天，
gǔfūrén". Lùguò de xíngrén mǎpǐ, dōu shì tā de měicān. Zhètiān,

白骨精正驾着阴风巡山，低头看见地上坐着三个人，
Báigǔjīng zhèng jià zhe yīnfēng xún shān, dītóu kànjiàn dìshang zuò zhe sān ge rén,

还有一匹白马。仔细一看，高兴起来："我真有福气！
háiyǒu yì pǐ báimǎ. Zǐxì yí kàn, gāoxìng qǐlái : "Wǒ zhēn yǒu fúqì!

原来是东土大唐取经的和尚，听说吃他一块肉就能
Yuánlái shì Dōngtǔ dà Táng qǔjīng de héshang, tīngshuō chī tā yí kuài ròu jiù néng

长生不老。"白骨精想下去捉唐僧，见有两员大将
chángshēng bù lǎo." Báigǔjīng xiǎng xiàqù zhuō Tángsēng, jiàn yǒu liǎng yuán dàjiàng

保护，不敢轻易动手。想了一会儿，有了计策。她
bǎohù, bùgǎn qīngyì dòngshǒu. Xiǎng le yíhuìr, yǒu le jìcè. Tā

停下阴风，变成一个农家少妇，手提饭罐汤钵，扭
tíngxià yīnfēng, biànchéng yí ge nóngjiā shàofù, shǒutí fànguàn tāngbō, niǔ-

扭捏捏朝唐僧走过来。
niǔ nienie cháo Tángsēng zǒu guòlái.

오공은 하는 수 없이 높은 봉우리로 뛰어올라, 손으로 햇빛을 가리고 사방을 둘러보았다. 오공이 뛰어내려와 말했다. "이 산은 황량하여 인적이 없지만, 오히려 남쪽 산벼랑 아래에는 온통 붉은 것이, 아마 잘 익은 소귀나무 열매인 것 같아요. 제가 가서 좀 따올게요." 말을 마치고는 바리때를 들고 남쪽 산으로 갔다.

여기 백호령 위 백골동에는 요괴가 하나 살고 있었는데, '백골부인'이라고 불렀다. 지나가는 행인과 말이 모두 그녀의 훌륭한 먹이였다. 이날, 백골요괴는 마침 음산한 바람을 타고 산을 돌다가, 고개를 숙이니 땅 위에 세 사람이 앉아 있고, 거기다가 백마 한 마리까지 있는 것이 보였다. 자세히 살펴보고는, 매우 기뻐하며 "난 정말 운이 좋아! 알고 보니 동녘 땅 당나라에서 경전을 구하러 가는 중이로군. 듣자하니 저 놈의 고기 한 덩이만 먹어도 불로장생할 수 있다고 하던데."라고 했다. 백골요괴는 내려가 삼장법사를 잡고 싶었지만, 두 명의 큰 장정이 보호하고 있는 것을 보고는, 감히 쉽사리 손을 쓰지 못하였다. 잠시 생각하니 계략이 생겼다. 그녀는 음산한 바람을 멈추고 농가의 젊은 아낙으로 둔갑하여, 손에는 도시락과 국 사발을 들고, 몸을 살랑살랑 흔들며 삼장법사를 향해 걸어왔다.

手搭凉篷 shǒu dā liángpéng 손으로 햇볕을 가리다, 손차양하다　┃　张望 zhāngwàng 사방을 둘러보다, 두리번거리다　┃　荒无人烟 huāng wú rén yān 황량하여 인적이 없다　┃　山桃 shāntáo 소귀나무　┃　野果 yěguǒ 야생의 과실　┃　钵盂 bōyú 바리때, 공양 그릇　┃　福气 fúqì 행운, 복　┃　计策 jìcè 계책, 술책, 계략　┃　少妇 shàofù 젊은 아낙　┃　饭罐 fànguàn 도시락　┃　汤钵 tāngbō 사발　┃　扭扭捏捏 niǔniǔ nienie 몸을 꼬며 살랑살랑 교태를 부리는 모양

八戒老远看见来了一个年轻女子，笑着对唐僧
Bājiè lǎoyuǎn kànjiàn lái le yí ge niánqīng nǚzǐ, xiào zhe duì Tángsēng

说："我师兄说山里没人家，这不来了个小媳妇嘛。"
shuō : "Wǒ shīxiōng shuō shānli méi rénjiā, zhè bù lái le ge xiǎoxífù ma."

八戒赶紧迎过来，走近一看，原来是一个漂亮的美
Bājiè gǎnjǐn yíng guòlái, zǒujìn yí kàn, yuánlái shì yí ge piàoliang de měi-

女。这呆子本性好色，见了女人就往上凑："女菩萨，
nǚ. Zhè dāizi běnxìng hàosè, jiàn le nǚrén jiù wǎng shàng còu : "Nǚ púsà,

你一个人到这深山野岭做什么？"白骨精看八戒认
nǐ yí ge rén dào zhè shēnshān yě lǐng zuò shénme?" Báigǔjīng kàn Bājiè rèn

不出她的真相，十分高兴："俺丈夫在那边山洼里
bu chū tā de zhēnxiàng, shífēn gāoxìng : "Ǎn zhàngfu zài nàbiān shānwā li

种地，我来给他送午饭。你们要是没吃饭，我就把
zhòngdì, wǒ lái gěi tā sòng wǔfàn. Nǐmen yàoshi méi chī fàn, wǒ jiù bǎ

斋饭送你们吧。"八戒笑嘻嘻的看着女人说："好！
zhāifàn sòng nǐmen ba." Bājiè xiàoxīxī de kàn zhe nǚrén shuō : "Hǎo!

好！"说着引那妇人来见师父。
Hǎo!" Shuō zhe yǐn nà fùrén lái jiàn shīfu.

唐僧说："我们吃了你的饭，你丈夫岂不要饿肚
Tángsēng shuō : "Wǒmen chī le nǐ de fàn, nǐ zhàngfu qǐbú yào è dù-

子。我们还是等着大徒弟摘了野果充饥吧！"八戒见
zi. Wǒmen háishi děng zhe dàtúdì zhāi le yěguǒ chōngjī ba!" Bājiè jiàn

师父不肯吃，埋怨道："天下哪有这样的和尚，饿得
shīfu bùkěn chī, mányuàn dào : "Tiānxià nǎ yǒu zhèyàng de héshang, è de

前心贴后心，还假充饱汉子。你不吃，倒便宜了我
qiánxīn tiē hòuxīn, hái jiǎchōng bǎo hànzi. Nǐ bù chī, dào piányi le wǒ

老猪。"接过罐子就要动嘴。
lǎo Zhū." Jiēguò guànzi jiùyào dòngzuǐ.

　　팔계는 멀리서 젊은 여자 하나가 오는 것을 보고, 웃으면서 삼장법사에게 말했다. "사형은 산에는 인가가 없다더니, 저기 젊은 아낙이 오고 있잖아요." 팔계는 재빨리 맞이하러 와서 가까이 다가가 보니, 본시 빼어나게 아리따운 여자였다. 이 멍청이는 본성이 여색을 좋아하여, 여인을 보고는 위쪽으로 다가가서, "보살님, 당신 혼자 이 깊은 산 누추한 고개에는 어인 일이신가요?" 백골요괴는 팔계가 그녀의 실체를 알아채지 못하는 것을 보고 매우 기뻤다. "제 남편이 저편 골짜기에서 농사를 짓는데, 제가 그 분께 점심을 가져다주는 길입니다. 여러분께서 밥을 안 드셨으면, 제가 공양 밥을 여러분께 드리지요." 팔계는 해죽거리며 여인을 보고 말했다. "좋아요! 좋아!" 말하며 그 아낙을 안내하여 사부를 만나게 하였다.

　　삼장법사가 말했다. "저희가 당신의 밥을 먹어버리면, 당신 남편 분은 배를 곯게 될 것이 아니오? 저희는 아무래도 큰 제자가 야생 열매 따오기를 기다렸다가 요기를 하도록 하지요!" 팔계는 사부가 먹지 않으려 하자 불평하며 말했다. "세상 천지 어디에 이런 스님이 있겠어요, 배가 고파 뱃가죽이 등에 붙을 지경인데도 배부른 사나이인 체나 하시다니. 사부님께서 안 드시겠다면, 오히려 이 팔계가 덕보는 것이지요." 그러면서, 항아리를 받아 먹으려 하였다.

老远 lǎoyuǎn 매우 멀다　|　**小媳妇** xiǎoxífù 젊은 아낙　|　**好色** hàosè 여색(女色)을 좋아하다　|　**凑** còu 접근하다, 다가가다　|　**野** yě 촌스럽다, 누추하다　|　**山洼** shānwā 골짜기, 산속의 움푹 팬 곳　|　**种地** zhòngdì 농사짓다　|　**笑嘻嘻** xiàoxīxī (해죽이) 미소 짓는 모양　|　**充饥** chōngjī 요기하다, 배를 채우다　|　**埋怨** mányuàn 불평하다, 원망하다　|　**前心贴后心** qiánxīn tiē hòuxīn (몹시 배가 고파) 뱃가죽이 등에 붙다　|　**假充** jiǎchōng ～인 체하다　|　**汉子** hànzi 남자, 사나이　|　**倒** dào 오히려, 도리어　|　**便宜** piányi 좋게(잘) 해주다, 이롭게 해주다　|　**动嘴** dòngzuǐ 입을 놀리다 (여기서는 입을 움직여 '먹으려 하다'의 뜻)

这时候，悟空刚好托着一钵盂山桃回来了，他
Zhèshíhou, Wùkōng gānghǎo tuō zhe yì bōyú shāntáo huílái le, tā

用火眼金睛一看，这妇人原来是妖精变的，放下钵
yòng huǒyǎn jīnjīng yí kàn, zhè fùrén yuánlái shì yāojing biàn de, fàngxià bō-

盂，举棒就打。唐僧急忙阻拦："这女菩萨好心送
yú, jǔ bàng jiù dǎ. Tángsēng jímáng zǔlán : "Zhè nǚ púsà hǎoxīn sòng

饭给我们吃，你怎么要打人家？"悟空说："师父
fàn gěi wǒmen chī, nǐ zěnme yào dǎ rénjia?" Wùkōng shuō : "Shīfu

别把她当好人，她是妖精变的！"说着，挣开师父，
bié bǎ tā dāng hǎorén, tā shì yāojing biàn de!" Shuō zhe, zhèngkāi shīfu,

狠狠一棒冲妖精打去。
hěnhěn yí bàng chòng yāojing dǎ qù.

　이때, 오공이 때마침 소귀나무 열매 한 바리때를 받쳐 들고 돌아와, 그의 진짜
와 가짜를 식별할 수 있는 눈인 화안금정으로 보니, 이 아낙은 원래 요괴가 둔갑
한 것이었다. 바리때를 내려놓고 여의봉을 들어 공격하였다. 삼장법사는 황급히
막아섰다. "이 여 보살님은 착한 마음으로 우리에게 밥을 먹으라고 주셨는데, 너
는 어찌하여 남을 해치려 하느냐?" 오공은 "사부님 저 여인네를 착한 사람이라 여
기시면 안 돼요, 그녀는 요괴가 둔갑한 거예요!"라고 말하면서, 필사적으로 사부
에게서 벗어나와 요괴를 호되게 내리쳤다.

托 tuō 받치다　┃　挣开 zhèngkāi (필사적으로) 벗어나다　┃　狠狠 hěnhěn 호되게, 매섭게

　　白骨精使了个"解尸法[2]"，一阵阴风逃走了，
Báigǔjīng shǐ le ge "jiěshīfǎ", yízhèn yīnfēng táozǒu le,

把一个假少妇让悟空打死在地上，吓得唐僧一屁股
bǎ yí ge jiǎ shàofù ràng Wùkōng dǎsǐ zài dìshang, xià de Tángsēng yí pìgu

坐在地上说："你这猴头这么任性，平白无故害了
zuòzài dìshang shuō : "Nǐ zhè hóutóu zhème rènxìng, píngbái wúgù hài le

一条人命！"悟空说："师父，你过来看看这罐子
yì tiáo rénmìng!" Wùkōng shuō : "Shīfu, nǐ guòlái kànkan zhè guànzi

里是什么东西？"唐僧一看，里面装的是癞蛤蟆和
li shì shénme dōngxi?" Tángsēng yí kàn, lǐmiàn zhuāng de shì làiháma hé

长尾巴蛆，这才有点相信悟空的话。八戒见悟空识
cháng wěiba qū, zhè cái yǒudiǎn xiāngxìn Wùkōng de huà. Bājiè jiàn Wùkōng shí-

破了妖精，出了自己的丑，就说："师父别听他花
pò le yāojing, chū le zìjǐ de chǒu, jiù shuō : "Shīfu bié tīng tā huā

言巧语，他打死人家的妻子，怕师父念紧箍咒，使
yán qiǎo yǔ, tā dǎsǐ rénjia de qīzi, pà shīfu niàn jǐngūzhòu, shǐ

了个障眼法[3]，把饭菜变成了这样。"
le ge zhàngyǎnfǎ, bǎ fàncài biànchéng le zhèyàng."

　　唐僧耳朵根子软，信了呆子的话，就念起咒来。
Tángsēng ěrduo gēnzi ruǎn, xìn le dāizi de huà, jiù niàn qǐ zhòu lái.

悟空喊叫："哎呀，头疼！师父别念！"唐僧说："出
Wùkōng hǎnjiào : "Āiyā, tóuténg! Shīfu bié niàn!" Tángsēng shuō : "Chū-

家人常存善心，扫地不伤蝼蚁命。你随随便便就打
jiārén cháng cún shànxīn, sǎodì bù shāng lóuyǐ mìng. Nǐ suísuibiànbiàn jiù dǎ-

死一个人，还取什么经，你回去吧！"
sǐ yí ge rén, hái qǔ shénme jīng, nǐ huíqù ba!"

백골요괴는 '해시법'을 써서 음산한 바람을 타고 달아나며, 오공에게 맞아 죽은 가짜 젊은 아낙 하나를 땅바닥에 놓아두니, 삼장법사는 깜짝 놀라 엉덩이를 땅에 대고 주저앉으며 말했다. "너 이 원숭이놈아 어찌 이리도 제멋대로 굴면서, 공연히 까닭도 없이 사람 목숨 하나를 해치는 것이냐!" 오공이 말했다. "사부님, 이쪽으로 오셔서 이 항아리 속에 뭐가 들어있는지 좀 보시겠어요?" 삼장법사가 살펴보니, 안에는 두꺼비와 꼬리가 긴 구더기가 들어 있었고, 그제야 오공의 말을 조금은 믿게 되었다. 팔계는 오공이 요괴의 정체를 간파하고 자신은 망신을 당하게 되자 말했다. "사부님 그의 감언이설을 믿지 마세요, 그는 남의 아내를 죽이고 나서 사부님이 긴고주문을 외울까 두려워서, 장안법을 써서 밥과 반찬을 이런 것들로 변하게 한 것이에요."

삼장법사는 귀가 얇아 멍청이의 말을 믿고, 주문을 외기 시작하였다. 오공은 소리를 질렀다. "아이고, 머리야! 사부님 그만 외우세요!" 삼장법사가 말했다. "출가한 사람은 항상 선한 마음을 지니고, 땅을 쓸 때에도 땅강아지나 개미의 목숨조차 해쳐서는 안 된다. 네놈은 제멋대로 아무렇게나 사람 하나를 때려죽이면서 여전히 무슨 경전을 구하겠다는 것이냐, 돌아가거라!"

2 **解尸法** : 가짜 몸을 버리고 진짜 혼령만 빠져나오는 술법.
3 **障眼法** : 눈을 가리는 속임수. 눈을 속여 가짜를 진짜처럼 여기게 함.

任性 rènxìng 제멋대로 하다, 마음 내키는 대로 하다 ｜ **平白** píngbái 공연히 ｜ **无故** wúgù 이유 없이, 까닭 없이 ｜ **癞蛤蟆** làiháma 두꺼비 ｜ **蛆** qū 구더기 ｜ **识破** shípò 꿰뚫어보다, 간파하다 ｜ **出丑** chū chǒu 망신하다, 체면을 잃다 ｜ **花言巧语** huā yán qiǎo yǔ 감언이설 ｜ **耳朵根子** ěrduogēnzi 귀 뿌리 ｜ **呆子** dāizi 멍청이, 바보 ｜ **扫地** sǎodì 땅을 쓸다, 청소하다 ｜ **蝼蚁** lóuyǐ 땅강아지와 개미

悟空说：“我要是走了，恐怕你西天去不成。”
Wùkōng shuō : "Wǒ yàoshi zǒu le, kǒngpà nǐ Xītiān qù bu chéng."

唐僧说：“人的命，天注定。要是该死，你也救不
Tángsēng shuō : "Rén de mìng, tiān zhùdìng. Yàoshi gāi sǐ, nǐ yě jiù bu

了我。你快走吧!”悟空听罢，急忙跪下说：“我
liǎo wǒ. Nǐ kuài zǒu ba!" Wùkōng tīng bà, jímáng guìxià shuō : "Wǒ

回去倒没什么，只是师父救我出五行山的恩情还没
huíqù dào méi shénme, zhǐshì shīfu jiù wǒ chū Wǔxíngshān de ēnqíng hái méi

报，我不保你去西天，会落个千秋的骂名。”唐僧
bào, wǒ bù bǎo nǐ qù Xītiān, huì luò ge qiānqiū de màmíng." Tángsēng

本来心慈面善，听了悟空的话，说：“好吧，我就
běnlái xīn cí miàn shàn, tīng le Wùkōng de huà, shuō : "Hǎo ba, wǒ jiù

饶你这一回，你要是再犯，我可要念二十遍紧箍咒
ráo nǐ zhè yì huí, nǐ yàoshi zài fàn, wǒ kě yǎo niàn èrshí biàn jǐngūzhòu

了。”悟空忙说：“行! 行! 我再不杀人了。”悟空
le." Wùkōng máng shuō : "Xíng! Xíng! Wǒ zài bù shā rén le." Wùkōng

把刚才摘的山桃给师父吃了，扶师父上马，继续赶
bǎ gāngcái zhāi de shāntáo gěi shīfu chī le, fú shīfu shàngmǎ, jìxù gǎn-

路。
lù.

再说那白骨精险些被悟空打死，恨得心痒：“过
Zàishuō nà Báigǔjīng xiǎn xiē bèi Wùkōng dǎsǐ, hèn de xīnyǎng : "Guò-

去只听说这猴王好本领，果然名不虚传。可唐僧是
qù zhǐ tīngshuō zhè Hóuwáng hǎo běnlǐng, guǒrán míng bù xū chuán. Kě Tángsēng shì

送上门来的肉，我不能错过这机会。”
sòng shàngmén lái de ròu, wǒ bùnéng cuòguò zhè jīhuì."

오공이 말했다. "제가 만약 떠나버리면, 아마도 사부님께선 서천으로 가시지 못할 겁니다." 삼장법사가 말했다. "사람의 목숨은 하늘이 정한 것이다. 만약 죽어야 한다면 너 역시 나를 구할 수 없다. 얼른 가거라!" 오공은 이를 듣고는, 황급히 무릎을 꿇으며 말했다. "저야 돌아가면 상관없지만, 다만 사부님께서 저를 오행산에서 구해주신 은혜를 아직 보답하지 못했습니다. 사부님을 보필하여 서천으로 가지 않는다면 천추의 오명으로 남게 될 것입니다." 삼장법사는 본디 마음이 인자하고 표정도 온화하여 오공의 이야기를 듣고는, "좋다, 내 이 한 번만은 용서해주마, 네가 또다시 잘못을 저지르면 나는 긴고주문을 스무 번 욀 것이다."라고 말했다. 오공이 재빨리 말했다. "알겠습니다! 알겠어요! 저는 다시는 사람을 해치지 않을 겁니다." 오공은 방금 따온 소귀나무 열매를 사부께 잡수시라고 드리고 사부를 부축하여 말에 오르도록 하고는, 계속해서 갈 길을 재촉했다.

한편, 그 백골요괴는 하마터면 오공에게 맞아죽을 뻔했기 때문에, 오공이 미워 죽을 지경이었다. "과거 이 원숭이 왕이 솜씨가 대단하다고 듣기는 했지만, 과연 명성 그대로군. 하지만 삼장법사는 집 앞에 바쳐진 고기인데, 내가 이 기회를 놓칠 순 없지."

注定 zhùdìng 운명으로 정해져 있다 │ **千秋** qiānqiū 천추, 천 년이라는 긴 세월 │ **骂名** màmíng 오명, 나쁜 평판 │ **心慈面善** xīn cí miàn shàn 마음이 인자하고 표정이 온화하다 │ **饶** ráo 용서하다, 관용하다 │ **心痒** xīnyǎng (어떤 일이) 하고 싶어 죽을 지경이다 │ **名不虚传** míng bù xū chuán 명성 그대로다 │ **错过** cuòguò (기회 등을) 놓치다

白骨精又一阵阴风赶到唐僧前头，变成一个老
Báigǔjīng yòu yízhèn yīnfēng gǎndào Tángsēng qiántou, biànchéng yí ge lǎo-

妇人，一面哭，一面喊着女儿。八戒一见，故意说：
fùrén, yímiàn kū, yímiàn hǎn zhe nǚ'ér. Bājiè yí jiàn, gùyì shuō：

"师父，刚才打死的那女人的娘找来了。"悟空说："八
"Shīfu, gāngcái dǎsǐ de nà nǚrén de niáng zhǎolái le." Wùkōng shuō："Bā-

戒别胡说，这高山年轻人都不敢来，怎么有老婆婆？
jiè bié húshuō, zhè gāoshān niánqīngrén dōu bùgǎn lái, zěnme yǒu lǎopópo?

俺老孙认得她还是个妖精。"说着纵身过去，抡棒
Ǎn Lǎo Sūn rènde tā hái shì ge yāojing." Shuō zhe zòngshēn guòqù, lūn bàng

就打。白骨精又使了一个"解尸法"，又留下一个
jiù dǎ. Báigǔjīng yòu shǐ le yí ge "jiěshīfǎ", yòu liúxià yí ge

假尸逃走了。
jiǎ shī táozǒu le.

唐僧见悟空不到一个时辰，连伤两条人命，二
Tángsēng jiàn Wùkōng bú dào yí ge shíchen, lián shāng liǎng tiáo rénmìng, èr-

话不说，只管把紧箍咒一连念了二十遍，悟空疼得
huà bù shuō, zhǐguǎn bǎ jǐngūzhòu yìlián niàn le èrshí biàn, Wùkōng téng de

在地上打滚儿，连声哀求师父别念了。唐僧说："你
zài dìshang dǎgǔnr, liánshēng āiqiú shīfu bié niàn le. Tángsēng shuō："Nǐ

还有什么话好说？"悟空说："请师父明察，这婆
háiyǒu shénme huà hǎoshuō?" Wùkōng shuō："Qǐng shīfu míngchá, zhè pó-

婆真是个妖精，她化了真身跑了。"
po zhēnshi ge yāojing, tā huà le zhēnshēn pǎo le.

唐僧再不肯信，坚决叫他回去。
Tángsēng zài bùkěn xìn, jiānjué jiào tā huíqù.

백골요괴는 또다시 음산한 바람을 타고 재빨리 삼장법사 앞쪽으로 다가가 늙은 노파로 둔갑하고는, 울면서 큰 소리로 딸을 불렀다. 팔계가 보고 일부러 말했다. "사부님, 조금 전에 맞아 죽은 그 아낙의 어머니가 찾으러 왔어요." 오공이 말했다. "팔계야, 허튼소리 그만 좀 해라, 이 높은 산은 젊은이들도 감히 오지 못하는데, 어떻게 늙은 노파가 있겠냐? 이 손오공님께선 그녀가 역시 요괴라는 것을 알아볼 수 있지." 말하면서 몸을 훌쩍 날려서는 여의봉을 휘둘러 내리쳤다. 백골요괴는 다시 '해시법'을 써서, 또 가짜 시체 하나를 남겨놓고 달아나 버렸다.

삼장법사는 오공이 두 시간도 되지 않아, 연이어 두 명의 목숨을 해치자 두말없이 주저하지도 않고 긴고주문을 연달아 스무 번 외웠다. 오공은 아파 바닥을 데굴데굴 구르며, 연신 사부에게 그만 외우라고 애걸하였다. 삼장법사가 말했다. "넌 아직도 무슨 할 말이 있느냐?" 오공이 말했다. "사부님, 제발 똑똑히 보세요, 이 노파는 정말로 요괴이고, 진짜 몸으로 변해 도망친 거라니까요." 삼장법사는 다시는 믿으려 하지 않으며, 단호히 그보고 돌아가라고 하였다.

时辰 shíchen 시간의 단위. 하루를 12 '时辰'으로 나누었으며, 1 '时辰'은 지금의 2시간에 해당함. ｜ 二话 èrhuà 두말, 다른 말 ｜ 只管 zhǐguǎn 주저하지 않고 ｜ 打滚儿 dǎgǔnr (데굴데굴) 구르다 ｜ 哀求 āiqiú 애걸하다 ｜ 明察 míngchá 똑똑히 관찰하다 ｜ 坚决 jiānjué 단호하다

悟空没法儿，跪下说：“师父不要徒儿也罢，
Wùkōng méi fǎr, guìxià shuō : "Shīfu búyào tú'ér yě bà,

只是还有一件事要求师父！”八戒在一旁挑拨说：
zhǐshì háiyǒu yí jiàn shì yāoqiú shīfu!" Bājiè zài yìpáng tiǎobō shuō :

“师父，他是想和你分行李，要工钱哩。”
"Shīfu, tā shì xiǎng hé nǐ fēn xíngli, yào gōngqian li."

悟空气得指着八戒骂道：“好一个长嘴大耳蠢
Wùkōng qì de zhǐ zhe Bājiè mà dào : "Hǎo yí ge cháng zuǐ dà ěr chǔn-

货，俺老孙皈依佛门，早断了贪欲，分什么工钱？”
huò, ǎn Lǎo Sūn guīyī fómén, zǎo duàn le tānyù, fēn shénme gōngqian?"

唐僧说：“那你有什么事？”悟空说：“你既不要我
Tángsēng shuō : "Nà nǐ yǒu shénme shì?" Wùkōng shuō : "Nǐ jì búyào wǒ

了，求你念个‘松箍咒’，把我头上的金箍褪下来，
le, qiú nǐ niàn ge 'sōnggūzhòu', bǎ wǒ tóushang de jīngū tuì xiàlái,

我回花果山去吧。”唐僧为难地说：“当初菩萨教我
wǒ huí Huāguǒshān qù ba." Tángsēng wéinán de shuō : "Dāngchū púsà jiāo wǒ

的只有紧箍咒，并没教什么松箍咒。”悟空说：“师
de zhǐyǒu jǐngūzhòu, bìng méi jiāo shénme sōnggūzhòu." Wùkōng shuō : "Shī-

父既然不会松箍咒，还是带我去西天取经吧！”沙
fu jìrán búhuì sōnggūzhòu, háishi dài wǒ qù Xītiān qǔjīng ba!" Shā-

僧也劝师父：“西天路途艰险，师兄的本领比我二
sēng yě quàn shīfu : "Xītiān lùtú jiānxiǎn, shīxiōng de běnlǐng bǐ wǒ èr-

人高明，他既然不肯走，还是留下吧。”唐僧无奈，
rén gāomíng, tā jìrán bùkěn zǒu, háishi liúxià ba." Tángsēng wúnài,

说：“你起来吧，我再饶你一次，下次绝不再饶！”
shuō : "Nǐ qǐlái ba, wǒ zài ráo nǐ yí cì, xiàcì jué bú zài ráo!"

오공은 할 수 없이, 무릎을 꿇고 말했다. "사부님께서 제자가 필요 없다 하시면 어쩔 수 없군요. 단지 한 가지 일만 사부님께 부탁드리겠습니다!" 팔계가 옆에서 이간시키며 말했다. "사부님, 그는 사부님과 봇짐을 나누어, 품삯을 달라고 하려는 겁니다."

오공이 화가 나서 팔계를 가리키며 꾸짖어 말했다. "긴 주둥이에 귀만 큰 얼간이놈아, 이 손오공님께서는 불문에 귀의하여 일찍이 탐욕을 없애버렸는데, 무슨 품삯을 나눈다고 하는 게냐?" 삼장법사가 말했다. "그럼 너는 무슨 일로 그러는 것이냐?" 오공이 말했다. "사부님께서 기왕 제가 필요 없으시다면, 부탁드리니 '송고주문'을 외워 제 머리에 있는 황금테나 벗겨주세요, 저는 화과산으로 돌아가렵니다." 삼장법사는 난감해하며 말했다. "처음에 관음보살께서 나에게 가르쳐 주신 것은 긴고주문밖에 없었어, 무슨 송고주문 같은 것은 가르쳐 주시지도 않으셨단다." 오공이 말했다. "사부님께서 기왕 송고주문을 외우실 수 없다면, 저를 데리고 서천으로 경전을 구하러 가실 수밖에 없겠네요!" 오정 역시 사부를 설득하였다. "서천으로 가는 여정은 험난한데, 사형의 능력은 저희 두 사람보다 뛰어납니다. 그가 기왕 떠나지 않겠다고 하니, 남겨두시지요." 삼장법사는 하는 수 없이, "일어나라, 내 다시 한 번 더 너를 용서해주긴 하지만, 다음번엔 절대 용서치 않을 것이다!"라고 말하였다.

徒儿 tú'ér 제자　|　挑拨 tiǎobō 충동질하다, 이간시키다　|　工钱 gōngqian 품삯　|　蠢货 chǔnhuò 바보 같은 놈, 얼간이　|　贪欲 tānyù 탐욕, 욕심　|　为难 wéinán 난처하다, 곤란하다　|　艰险 jiānxiǎn 험난하다　|　高明 gāomíng (학문·견해·기술·기능 등이) 빼어나다, 훌륭하다

悟空谢了师父，扶师父上马，仍旧在马前开路。
Wùkōng xiè le shīfu, fú shīfu shàngmǎ, réngjiù zài mǎ qián kāilù.

那白骨精飞在半空中，心里暗暗称赞猴王的本领，
Nà Báigǔjīng fēizài bànkōng zhōng, xīnli àn'àn chēngzàn Hóuwáng de běnlǐng,

自己的变化都瞒不过他的眼睛。心想：要是放唐僧
zìjǐ de biànhuà dōu mán bu guò tā de yǎnjing. Xīn xiǎng : Yàoshi fàng Tángsēng

过去，自己吃不上唐僧肉，哪年哪月才能修行成
guòqù, zìjǐ chī bu shàng Tángsēng ròu, nǎ nián nǎ yuè cái néng xiūxíng chéng-

仙。再一看，悟空一路抡着金箍棒在前头开路，再
xiān. Zài yí kàn, Wùkōng yílù lūn zhe jīngūbàng zài qiántou kāilù, zài

走四十里就出了山。白骨精注意到，唐僧两次因为
zǒu sìshí lǐ jiù chū le shān. Báigǔjīng zhùyì dào, Tángsēng liǎng cì yīnwèi

悟空杀人，要撵他回去。如果没有悟空保护，捉唐
Wùkōng shārén, yào niǎn tā huíqù. Rúguǒ méiyǒu Wùkōng bǎohù, zhuō Táng-

僧就容易了。她拿定主意，一定要让唐僧把悟空赶
sēng jiù róngyì le. Tā nádìng zhǔyi, yídìng yào ràng Tángsēng bǎ Wùkōng gǎn-

走。她摇身一变，变成一个白胡子老头儿，一边迎
zǒu. Tā yáoshēn yí biàn, biànchéng yí ge báihúzi lǎotóur, yìbiān yíng

着唐僧走过来，一边嘴里念着经。唐僧见了说："阿
zhe Tángsēng zǒu guòlái, yìbiān zuǐli niàn zhe jīng. Tángsēng jiàn le shuō : "Ē-

弥陀佛，这西方路上真是佛法普度，这老头儿走着
mítuófó, zhè xīfāng lùshang zhēnshi fófǎ pǔdù, zhè lǎotóur zǒu zhe

路，还不忘念经。"
lù, hái bú wàng niànjīng."

오공은 사부께 감사하며 사부를 부축하여 말에 오르게 하고, 변함없이 말 앞에서 길을 인도하였다. 그 백골요괴는 공중에 날아올라 마음속으로 은근히 미후왕의 재주를 칭찬하였는데, 자신이 둔갑한 것이 모두 그의 눈을 속이지 못하였기 때문이다. 마음속으로 만약에 삼장법사를 지나가게 놔두면 자신은 삼장법사의 고기를 먹지 못할 것이고, 어느 세월에 수행하여 신선이 될 수 있을까 하고 생각하였다. 다시 살펴보니, 오공은 도중에 여의봉을 휘두르면서 앞쪽에서 길을 인도하였는데, 사십리만 더 가면 산에서 나가게 되었다. 백골요괴는 삼장법사가 두 번이나 오공이 사람을 죽였다 하여 그를 쫓아 돌려보내려 했다는 것에 주목하였다. 만약 오공이 보필하지 않으면, 삼장법사를 잡는 것은 쉬운 일이었다. 그녀는 반드시 삼장법사로 하여금 오공을 내쫓게 하리라고 마음먹었다. 그녀는 몸을 한 번 흔들어 흰수염의 노인으로 둔갑하고는, 삼장법사 쪽으로 걸어가면서 입으로는 불경을 외웠다. 삼장법사는 이를 보고 말했다. "아미타불, 이 서쪽 땅의 길에는 정말 불가의 교리가 중생을 제도하고 있구나. 저 나이 드신 분이 길을 걸으면서도 불경 외는 것을 잊지 않다니 말이다."

瞒不过 mán bu guò 속여 넘길 수 없다, 숨길 수 없다 ┃ **撵** niǎn 쫓아내다 ┃ **拿定** nádìng 마음먹다, 정하다 ┃ **迎** yíng ～를 향하여 ┃ **普度** pǔdù 중생(衆生)을 제도(濟度)하다

八戒笑道："师父，他哪里是念经，是念的咒。
Bājiè xiào dào : "Shīfu, tā nǎli shì niànjīng, shì niàn de zhòu.

师兄先打死他女儿，又打死他老伴，他是找我们算
Shīxiōng xiān dǎsǐ tā nǚ'ér, yòu dǎsǐ tā lǎobàn, tā shì zhǎo wǒmen suàn-

账来的。"悟空喊道："呆子，别胡说！"悟空迎着
zhàng lái de." Wùkōng hǎndào : "Dāizi, bié húshuō!" Wùkōng yíng zhe

老头儿过去，早认出了老头儿还是那个妖精。"老
lǎotóur guòqù, zǎo rènchū le lǎotóur háishi nà ge yāojing. "Lǎo-

头儿，上山有什么事？"白骨精见是悟空，心里有
tóur, shàngshān yǒu shénme shì?" Báigǔjīng jiàn shì Wùkōng, xīnli yǒu-

点慌，就说："我来寻找女儿和老伴。"悟空心里暗
diǎn huāng, jiù shuō : "Wǒ lái xúnzhǎo nǚ'ér hé lǎobàn." Wùkōng xīnli àn-

暗琢磨：这妖精变着法要骗我师父。我要打她，师
àn zuómo : Zhè yāojing biàn zhe fǎ yào piàn wǒ shīfu. Wǒ yào dǎ tā, shī-

父又念那咒；不打她，岂不便宜了这妖精，她不但
fu yòu niàn nà zhòu ; Bù dǎ tā, qǐbù piányi le zhè yāojing, tā búdàn

骗我师父，还要笑我是个脓包。罢！罢！宁叫师父
piàn wǒ shīfu, hái yào xiào wǒ shì ge nóngbāo. Bà! Bà! Níng jiào shīfu

念咒，也定要消灭这个害人精。悟空拔几根毫毛，
niàn zhòu, yě dìngyào xiāomiè zhè ge hàirénjīng. Wùkōng bá jǐ gēn háomáo,

在嘴里嚼嚼，叫声"变！"变出了五个孙悟空，个
zài zuǐli jiáojiao, jiào shēng "biàn!" biànchū le wǔ ge Sūn Wùkōng, gè-

个拿着金箍棒，守住了上下四方，不放妖精逃走。
gè ná zhe jīngūbàng, shǒuzhù le shàngxià sìfāng, bú fàng yāojing táozǒu.

然后举起铁棒，只一下，就把妖精打烂在地上，现
Ránhòu jǔqǐ tiěbàng, zhǐ yíxià, jiù bǎ yāojing dǎlàn zài dìshang, xiàn

了原形，原来是一堆碎骷髅。
le yuánxíng, yuánlái shì yì duī suì kūlóu.

팔계가 웃으며 말했다. "사부님, 그가 어디 불경을 외우고 있어요, 외고 있는 것은 주문이에요. 사형이 먼저 그의 딸을 때려죽이고 또 그의 마누라까지 때려죽였으니, 우리를 찾아 결판을 내리려고 온 것이에요." 오공이 소리쳤다. "멍청한 놈, 허튼 소리 좀 그만 해라!" 오공은 노인을 향해 가면서, 진작 노인 또한 그 요괴임을 알아차렸다. "노인장, 산에는 무슨 일로 올라오시나?" 백발요괴는 오공인 것을 보고는 마음속으로 조금 불안해하면서 말했다. "나는 딸아이와 마누라를 찾으러 왔소이다." 오공은 속으로 몰래 생각했다. '이 요괴의 둔갑술은 내 사부를 속이려는 것이다. 내가 그녀를 때려죽이면 사부님이 또 그놈의 주문을 외우실 테고, 그녀를 때려죽이지 않으면 이 요괴한테 좋은 것이 아닌가. 그녀는 내 사부님을 속일 뿐만 아니라, 내가 얼뜨기 바보라고 비웃으려 하고 있어. 됐어! 됐어! 차라리 사부님께서 주문을 외우실지언정, 이 사람을 해치는 요괴는 반드시 없애 버려야 해.' 오공이 몇 가닥 털을 뽑아 입속에서 잘근잘근 씹다가, "변해라!" 하고 외치자 다섯 명의 손오공으로 변했다. 각자 손에 여의봉을 들고, 위아래 사방을 단단히 지키며 요괴가 도망가지 못하도록 하였다. 그러고 나서 여의봉을 들어 단번에 요괴를 땅바닥에 때려눕히니 본래의 모습이 드러났는데, 알고 보니 부서진 해골 더미였다.

琢磨 zuómo 궁리하다, 생각하다　｜　宁…也 níng…yě 차라리 (～하는 것이 낫다), 차라리 (～할지언정)　｜
守住 shǒuzhù 단단히 지키다

唐僧听了八戒的话，本来心里正怀疑，忽见悟
Tángsēng tīng le Bājiè de huà, běnlái xīnli zhèng huáiyí, hū jiàn Wù-

空又打杀了老头儿，吓得从马上滚落下来，哆哆嗦
kōng yòu dǎshā le lǎotóur, xià de cóng mǎshang gǔnluò xiàlái, duōduosuō-

嗦地说不出话来。八戒在一旁说风凉话："才走半天，
suo de shuō bù chū huà lái. Bājiè zài yìpáng shuō fēngliánghuà : "Cái zǒu bàntiān,

师兄就打死了三口人。师父的话他一句不肯听。"
shīxiōng jiù dǎsǐ le sān kǒu rén. Shīfu de huà tā yí jù bùkěn tīng."

唐僧听了，还要念紧箍咒，悟空急忙过来说："师父，
Tángsēng tīng le, hái yào niàn jǐngūzhòu, Wùkōng jímáng guòlái shuō : "Shīfu,

别念咒，你去看看那妖精的模样就明白了。"
bié niàn zhòu, nǐ qù kànkan nà yāojing de múyàng jiù míngbai le."

悟空扶着唐僧过去一看，果然是一堆白骨，吃
Wùkōng fú zhe Tángsēng guòqù yí kàn, guǒrán shì yì duī báigǔ, chī-

惊地说："这是怎么回事？人刚死怎么就变成一堆
jīng de shuō : "Zhè shì zěnme huí shì? Rén gāng sǐ zěnme jiù biànchéng yì duī

白骨？"悟空指着白骨脊梁上的一行字叫师父看。
báigǔ?" Wùkōng zhǐ zhe báigǔ jǐliang shang de yì háng zì jiào shīfu kàn.

唐僧见上面有"白骨夫人"四个字，才相信了悟空
Tángsēng jiàn shàngmian yǒu "Báigǔfūrén" sì ge zì, cái xiāngxìn le Wùkōng

的眼力。猪八戒见师父相信了悟空的话，更显得自
de yǎnlì. Zhū Bājiè jiàn shīfu xiāngxìn le Wùkōng de huà, gèng xiǎnde zì-

己无能了，就插嘴说："师父，他怕你念咒，使了
jǐ wúnéng le, jiù chāzuǐ shuō : "Shīfu, tā pà nǐ niàn zhòu, shǐ le

障眼法，把老头儿的死尸变成白骨，这法儿谁都会，
zhàngyǎnfǎ, bǎ lǎotóur de sǐshī biànchéng báigǔ, zhè fǎr shéi dōu huì,

他瞒不过老猪。"
tā mán bu guò Lǎo Zhū."

　　삼장법사는 팔계의 말을 듣고 마음속으로 한창 의심을 하고 있었는데, 돌연 오공이 또다시 노인을 때려죽이는 것을 보고는, 놀라 말 위에서 굴러 떨어지며 부들부들 떨면서 말이 나오지 않았다. 팔계가 옆에서 비아냥거리는 말을 하였다. "이제 겨우 한나절 걸었는데, 사형은 사람 세 명이나 때려죽였군요. 사부님의 말씀을 한 마디도 들으려 하질 않는군요." 삼장법사가 이를 듣고 또다시 긴고주문을 외려고 하자, 오공이 황급히 다가와 말했다. "사부님, 제발 주문 좀 외지 마세요, 가셔서 저 요괴의 모습을 보시면 알게 되실 것입니다."

　　오공의 부축으로 삼장법사가 다가가 살펴보니, 과연 해골 더미였다. 깜짝 놀라서 말했다. "이것이 어찌된 일이냐? 사람이 막 죽었는데 어떻게 해골 더미로 변한단 말이냐?" 오공이 해골 등에 있는 한 줄의 글자를 가리키며 사부에게 보라고 하였다. 삼장법사는 그 위에 '백골부인'이라는 네 글자가 적혀 있는 것을 보고서야, 오공의 안목을 믿게 되었다. 저팔계는 사부가 오공의 말을 믿으면서 더욱 자기의 무능함이 드러나게 되자, 말참견을 하며 말했다. "사부님, 그는 사부님께서 주문을 외실까봐, 장안법을 써서 노인의 시체를 해골로 변하게 한 겁니다. 그런 술법은 누구나 다 할 수 있는 거예요. 그가 이 저팔계를 속이지는 못하지요."

<hr>

怀疑 huáiyí 의심을 품다　｜　滚落 gǔnluò 굴러 떨어지다　｜　哆哆嗦嗦 duōduōsuōsuō 부들부들 떨다　｜
风凉话 fēngliánghuà 비아냥거리는 말　｜　脊梁 jǐliang 등　｜　插嘴 chāzuǐ 말참견하다

唐僧觉得八戒的话有理，又念起咒来。只疼得
Tángsēng juéde Bājiè de huà yǒu lǐ, yòu niàn qǐ zhòu lái. Zhǐ téng de

悟空跪在地上哀求师父："别念！别念！我有话
Wùkōng guì zài dìshang āiqiú shīfu : "Bié niàn! Bié niàn! Wǒ yǒu huà

说！"唐僧说："你还说什么？一连打死三人是我
shuō!" Tángsēng shuō : "Nǐ hái shuō shénme? Yìlián dǎsǐ sān rén shì wǒ

亲眼看见，可见你刁顽本性难改。我要再留你，到
qīnyǎn kànjiàn, kějiàn nǐ diāowán běnxìng nán gǎi. Wǒ yào zài liú nǐ, dào

前面乱打乱杀，连我也得吃官司，蹲牢房。我也不
qiánmian luàn dǎ luàn shā, lián wǒ yě děi chī guānsi, dūn láofáng. Wǒ yě bú

念咒了，你走吧！"
niàn zhòu le, nǐ zǒu ba!"

悟空说："我可以走，请你让我把话说明白。
Wùkōng shuō : "Wǒ kěyǐ zǒu, qǐng nǐ ràng wǒ bǎ huà shuō míngbai.

师父不分是非，人妖颠倒，她明明是害你的妖魔，
Shīfu bù fēn shìfēi, rényāo diāndǎo, tā míngmíng shì hài nǐ de yāomó,

我替你除了害，你倒相信了这呆子的话。我回去不
wǒ tì nǐ chú le hài, nǐ dào xiāngxìn le zhè dāizi de huà. Wǒ huíqù bù

难，只是可怜你手下没有本领高强的人。再说，我
nán, zhǐshì kělián nǐ shǒuxià méiyǒu běnlǐng gāoqiáng de rén. Zàishuō, wǒ

头上的金箍怎么办？"唐僧听了非常恼怒："就你
tóushang de jīngū zěnmebàn?" Tángsēng tīng le fēicháng nǎonù : "Jiù nǐ

有本领，八戒和沙僧都是白吃饭的吗？你走就是了，
yǒu běnlǐng, Bājiè hé Shāsēng dōu shì bái chīfàn de ma? Nǐ zǒu jiùshì le,

我虽然不会松箍咒，以后再不念紧箍咒还不行。"
wǒ suīrán búhuì sōnggūzhòu, yǐhòu zài bú niàn jǐngūzhòu hái bù xíng."

삼장법사는 팔계의 말에 일리가 있다고 여겨, 또 주문을 외우기 시작했다. 오공은 너무 아파서 길 위에 무릎을 꿇고 사부에게 애걸하였다. "외우지 좀 마세요! 그만 외우세요! 드릴 말씀이 있어요!" 삼장법사가 말했다. "네놈이 아직도 무슨 할 말이 있다는 게냐? 연달아 세 사람이나 때려죽이는 것을 내 눈으로 직접 보니, 네 교활하고 완고한 본성은 고치기 어렵다는 것을 알았다. 내가 다시 네놈을 머무르게 했다가는 앞서의 함부로 싸우고 죽인 일로 인하여, 나까지 고발을 당해 감방에 쪼그리고 앉아 있어야 할 것이다. 나도 주문을 외지 않을 테니, 너는 떠나거라!"

오공이 말했다. "저는 떠나도 좋지만, 말이나 확실하게 할 수 있게 해주세요. 사부님께서 옳고 그름을 분별하지 못하시고, 인간과 요괴를 뒤바꿔 생각하시다니요. 그녀는 분명히 사부님을 해치려한 요괴입니다. 제가 사부님을 위해 해로운 것을 없애버렸는데, 사부님께선 오히려 저 멍청한 놈의 말만 믿으시는군요. 제가 돌아가는 것은 어렵지 않으나, 다만 사부님 밑에 수완이 좋은 인물이 없는 게 안타깝네요. 또다시 말씀드리지만, 제 머리 위의 황금테는 어찌해야 하나요?" 삼장법사는 이를 듣고 성을 냈다. "오직 너만 재주가 있고, 팔계와 오정은 모두 헛되이 밥만 축낸단 말이냐? 네놈만 가버리면 그만이다. 내 비록 송고주문은 욀 수 없지만, 앞으로 다시 긴고주문을 외지 않는다면 그것도 쓸모가 없겠지."

刁顽 diāowán 교활하고 완고하다 | 吃官司 chī guānsi 소송당하다 | 牢房 láofáng 감방 | 是非 shìfēi 옳음과 그름 | 颠倒 diāndǎo 뒤바뀌다 | 恼怒 nǎonù 성내다, 노하다 | 白 bái 헛되이

悟空说：“这也难说，再往前走，遇上妖魔鬼怪，
Wùkōng shuō : "Zhè yě nánshuō, zài wǎng qián zǒu, yùshàng yāomó guǐguài,

八戒沙僧救不了你，你会想起我来，念咒叫我，我
Bājiè Shāsēng jiù bu liǎo nǐ, nǐ huì xiǎng qǐ wǒ lái, niàn zhòu jiào wǒ, wǒ

纵然离你十万八千里，照样头疼，不得不来见你。”
zòngrán lí nǐ shíwàn bāqiān lǐ, zhàoyàng tóuténg, bùdebù lái jiàn nǐ."

唐僧越听越气，叫沙僧取出纸笔，写了一封贬
Tángsēng yuè tīng yuè qì, jiào Shāsēng qǔchū zhǐbǐ, xiě le yì fēng biǎn-

书：“猴头，我给你写了一份文书，从今往后，我
shū : "Hóutóu, wǒ gěi nǐ xiě le yí fèn wénshū, cóng jīn wǎng hòu, wǒ

不是你师父，你也不是我徒弟。我也绝不会念紧箍
búshì nǐ shīfu, nǐ yě búshì wǒ túdì. Wǒ yě jué búhuì niàn jǐngū-

咒。要再和你见面，叫我入十八层地狱！”悟空见
zhòu. Yào zài hé nǐ jiànmiàn, jiào wǒ rù shíbā céng dìyù!" Wùkōng jiàn

师父这么绝情，忙接过贬书说：“师父不必发誓，
shīfu zhème juéqíng, máng jiēguò biǎnshū shuō : "Shīfu búbì fāshì,

俺老孙就走！”悟空忍着气，含着泪，纵起筋斗云，
ǎn Lǎo Sūn jiù zǒu!" Wùkōng rěn zhe qì, hán zhe lèi, zòng qǐ jīndǒuyún,

回花果山去了。
huí Huāguǒshān qù le.

오공이 말했다. "그러기도 쉽지 않으실 걸요, 계속 앞을 향해 가시다가 요괴나 귀신들을 만나게 되어, 팔계와 오정이 사부님을 구해드리지 못하면, 사부님은 저를 떠올리기 시작하시겠죠. 주문을 외워 저를 부르신다면, 제가 설사 사부님과 십만팔천 리나 떨어져 있다 하더라도, 예전처럼 머리가 아프면 어쩔 수 없이 와서 사부님을 뵈어야 하잖아요."

삼장법사는 들으면 들을수록 더욱 화가 나서, 오정에게 종이와 붓을 가져오도록 한 뒤 파면증명서를 한 장 썼다. "원숭이놈아, 내가 네놈에게 증명서 한 통을 써서 주니, 지금부터 앞으로 나는 네놈의 사부가 아니며, 네놈 역시 나의 제자가 아니다. 또한 절대로 긴고주문을 외지 않을 것이니, 만일 다시 네놈과 만나게 되면, 나는 십팔 층 지옥에 들어갈 것이다!" 오공은 사부가 이렇게 몰인정한 것을 보고는, 재빨리 파면증명서를 받으며 말했다. "사부님 맹세하실 필요까지는 없습니다. 저 손오공은 이만 물러갑니다!" 오공은 분을 참으면서 눈물을 머금고, 몸을 홀쩍 날려 근두운을 타고는 화과산으로 돌아갔다.

纵然 zòngrán 설사 ~하더라도 ┃ 照样 zhàoyàng 예전대로(여전히) 하다 ┃ 贬书 biǎnshū 파면증명서 ┃ 文书 wénshū 계약서, 공문서 ┃ 地狱 dìyù 지옥 ┃ 绝情 juéqíng 몰인정하다, 정을 끊다 ┃ 发誓 fāshì 맹세하다 ┃ 含泪 hán lèi 눈물을 머금다(글썽이다) ┃ 忍气 rěnqì 분을 참다

1 본문을 읽고 다음 물음에 답하시오.

(1) 在白虎岭白骨洞里住的白骨夫人，为食唐僧肉曾三次变化人形，其中第二次的变化为？

    A. 老妇人　　　　　B. 年轻女子　　　　　C. 白胡子老头儿

(2) 孙悟空狠狠一棒冲白骨精打去，白骨精使出什么妖法因应？

    A. 分身法　　　　　B. 解尸法　　　　　C. 定身法

(3) 为完成目的，白骨精拿定主意，企图让唐僧赶走何人？

    A. 沙悟净　　　　　B. 孙悟空　　　　　C. 猪八戒

2 다음 문장을 자연스러운 우리말로 옮기시오.

(1) 这座山有些怕人，连白马腿都打颤，大家要小心些。

    ➡

(2) 一连打死三人是我亲眼看见，可见你刁顽本性难改。

    ➡

3 녹음을 듣고 빈칸에 들어갈 말을 써 넣으시오.

(1) 天下哪有这样的和尚，（　　）得前心贴后心，还假充饱（　　　　）。

(2) 好一个长嘴大耳（　　　　），俺老孙皈依佛门，早断了贪欲，分什么（　　　　）?

(3) 你会想起我来，念咒叫我，我（　　　　）离你十万八千里，（　　　　）头疼，不得不来见你。

4 다음 문장을 자연스러운 중국어로 옮기시오.

(1) 삼장법사는 귀가 얇아 멍청이의 말을 믿고, 주문을 외기 시작하였다.

　　➡

(2) 사람의 목숨은 하늘이 정한 것이다. 만약 죽어야 한다면, 너 역시 나를 구할 수 없다.

　　➡

09

智激美猴王

唐僧把孙悟空赶走之后，叫八戒开路，沙僧挑
Tángsēng bǎ Sūn Wùkōng gǎnzǒu zhīhòu, jiào Bājiè kāilù, Shāsēng tiāo-

担，继续西行。又走了几天，来到了黑松林。八戒
dàn, jìxù xī xíng. Yòu zǒu le jǐ tiān, láidào le Hēisōnglín. Bājiè

化斋的时候，偷懒睡着了。八戒不回来，沙僧只好
huàzhāi de shíhou, tōulǎn shuìzháo le. Bājiè bù huílái, Shāsēng zhǐhǎo

去找，师父没有人保护，误入妖精洞，被黄袍怪逮
qù zhǎo, shīfu méiyǒu rén bǎohù, wù rù yāojingdòng, bèi Huángpáoguài dǎi-

住。八戒和沙僧来波月洞救师父，两人与黄袍怪打
zhù. Bājiè hé Shāsēng lái Bōyuèdòng jiù shīfu, liǎng rén yǔ Huángpáoguài dǎ-

斗起来，打了几十个回合，不分胜负。
dòu qǐlái, dǎ le jǐ shí ge huíhé, bù fēn shèngfù.

打斗声惊动了后洞里的一个女子。原来她是宝
Dǎdòu shēng jīngdòng le hòudòng li de yí ge nǚzǐ. Yuánlái tā shì Bǎo-

象国的百花公主，十三年前被黄袍怪抢来，强迫做
xiàngguó de Bǎihuāgōngzhǔ, shísān nián qián bèi Huángpáoguài qiǎng lái, qiǎngpò zuò

了他的妻子。百花公主放走了绑在院子里的唐僧，
le tā de qīzi. Bǎihuāgōngzhǔ fàngzǒu le bǎngzài yuànzi li de Tángsēng,

请他带一封书信向父王求救。
qǐng tā dài yì fēng shūxìn xiàng fùwáng qiújiù.

지혜가 넘치는 미후왕

 삼장법사는 손오공을 내쫓은 후, 팔계에게 길을 인도하게 하고 오정에게는 봇짐을 짊어지게 하고는, 계속해서 서쪽으로 나아갔다. 다시 며칠을 걸어 흑송림에 도착하였다. 팔계는 동냥을 하러 가서, 게으름을 피우다 잠이 들었다. 팔계가 돌아오지 않자 오정이 하는 수 없이 찾으러 갔고, 사부는 보호해 주는 사람 없이 요괴의 동굴로 잘못 들어갔다가 황포요괴에게 붙잡히게 되었다. 팔계와 오정은 파월동으로 사부를 구하러 왔다. 두 사람은 황포요괴와 싸우기 시작하여, 수십 합을 싸워도 승부를 가리지 못했다.

 싸우는 소리는 뒤쪽 동굴의 한 여자를 놀라게 하였다. 그녀는 본래 보상국의 백화공주였는데, 십삼 년 전에 황포요괴에게 납치되어 와서 강제로 그의 아내가 되었다. 백화공주는 뜰에 묶여 있던 삼장법사를 놓아주며, 부왕에게 구조를 청하는 편지 한 통을 가지고 가 달라고 부탁하였다.

偷懒 tōulǎn 게으름 피우다 ┃ 逮住 dǎizhù 붙잡다 ┃ 惊动 jīngdòng 놀라게 하다 ┃ 强迫 qiǎngpò 강요하다 ┃ 放走 fàngzǒu 놓아주다

几天以后，师徒三人来到了宝象国，唐僧把百
Jǐ tiān yǐhòu, shītú sān rén láidào le Bǎoxiàngguó, Tángsēng bǎ Bǎi-

花公主的信交给了宝象国国王。国王看了信，不禁
huāgōngzhǔ de xìn jiāogěi le Bǎoxiàngguó guówáng. Guówáng kàn le xìn, bùjīn

失声痛哭说："十三年前中秋节失去了三公主，到
shīshēng tòngkū shuō : "Shísān nián qián Zhōngqiūjié shīqù le sāngōngzhǔ, dào-

处寻访不见，幸亏圣僧捎来书信，才知道我女儿的
chù xúnfǎng bú jiàn, xìngkuī shèngsēng shāolái shūxìn, cái zhīdào wǒ nǚ'ér de

下落。"国王哭了一阵，问在场的文武官员："哪个
xiàluò." Guówáng kū le yízhèn, wèn zài chǎng de wénwǔ guānyuán : "Nǎ ge

敢带兵马去捉拿妖魔，救回公主？"连问几声，没
gǎn dài bīngmǎ qù zhuōná yāomó, jiù huí gōngzhǔ?" Lián wèn jǐ shēng, méi

人敢应。
rén gǎn yìng.

　　有个老臣上前奏道："那妖魔能腾云驾雾，朝
　　Yǒu ge lǎochén shàngqián zòu dào : "Nà yāomó néng téng yún jià wù, cháo-

中官兵都是肉体凡胎，怎么能制服得了？大唐圣僧
zhōng guānbīng dōu shì ròutǐ fántāi, zěnme néng zhìfú de liǎo? Dà Táng shèngsēng

从东土而来，一定有降妖的法术。"国王听他说得
cóng dōngtǔ ér lái, yídìng yǒu xiáng yāo de fǎshù." Guówáng tīng tā shuō de

有理，便恳求唐僧去降妖。唐僧说："贫僧不会降妖，
yǒu lǐ, biàn kěnqiú Tángsēng qù xiáng yāo. Tángsēng shuō : "Pín sēng búhuì xiáng yāo,

一路上多亏两个徒弟保护，才来到这里。"国王传
yílùshang duōkuī liǎng ge túdì bǎohù, cái láidào zhèlǐ." Guówáng chuán-

旨，请唐僧的徒弟来见。
zhǐ, qǐng Tángsēng de túdì lái jiàn.

며칠 후, 사부와 제자 세 사람은 보상국에 도착하였고, 삼장법사는 백화공주의 편지를 보상국 국왕에게 전해 주었다. 국왕은 편지를 보고, 자기도 모르게 목이 메도록 통곡하며 말했다. "십삼 년 전 추석에 셋째 공주를 잃어버리고 여기저기로 찾았지만 찾지 못했는데, 다행히 성승께서 편지를 전해 주셔서, 비로소 제 딸아이의 행방을 알게 되었습니다." 국왕은 한참 동안 울고는, 그곳에 있던 문무백관에게 물었다. "누가 감히 군대를 이끌고 가서 요괴를 붙잡고 공주를 구해 오겠는가?" 연달아 몇 차례 질문을 하였지만, 감히 대답하는 사람이 없었다.

한 나이든 신하가 앞으로 나와 아뢰었다. "그 요괴는 구름과 안개를 타고 하늘을 나는 데 능하지만, 조정의 병사들은 모두 속물들인데 어떻게 굴복시킬 수 있겠습니까? 당나라의 성승께서는 동녘 땅에서 오셨으니, 반드시 요괴를 항복시키는 술법을 가지고 계실 겁니다." 국왕이 그의 말을 들으니 일리가 있어, 삼장법사에게 가서 요괴를 굴복시켜 달라고 간청하였다. 삼장법사가 말했다. "모자란 저는 요괴를 굴복시킬 수 없사옵니다. 가는 길을 다행히 제자 두 명이 보필해 줘서, 겨우 예까지 왔사옵니다." 국왕은 성지를 내려, 삼장법사의 제자들을 와서 만나자고 청하였다.

不禁 bùjīn 자기도 모르게 ｜ 中秋节 zhōngqiūjié 한가위, 추석 ｜ 捎 shāo 인편에 보내다(전하다) ｜ 下落 xiàluò 행방, 소재 ｜ 兵马 bīngmǎ 군대 ｜ 臣 chén 신하 ｜ 肉体凡胎 ròutǐ fántāi 속물 ｜ 制服 zhìfú 제압하다, 굴복시키다 ｜ 恳求 kěnqiú 간청하다 ｜ 贫 pín 모자라다, 부족하다

不一会儿，八戒和沙僧来到殿上拜见国王。国
Bùyíhuìr, Bājiè hé Shāsēng láidào diànshang bàijiàn guówáng. Guó-

王一见他们的模样，吓得从座位上跌下来。唐僧忙
wáng yí jiàn tāmen de múyàng, xià de cóng zuòwèi shang diē xiàlái. Tángsēng máng

说："小徒虽然长得丑陋，但是心地善良。"国王定
shuō : "Xiǎo tú suīrán zhǎng de chǒulòu, dànshì xīndì shànliáng." Guówáng dìng

了定神，问："二位长老，谁能替朕降妖？"八戒
le dìngshén, wèn : "Èr wèi zhǎnglǎo, shéi néng tì zhèn xiáng yāo?" Bājiè

说："老猪会降妖捉怪！"八戒一时逞能，纵身一跳，
shuō : "Lǎo Zhū huì xiáng yāo zhuō guài!" Bājiè yìshí chěngnéng, zòngshēn yí tiào,

驾起云头，飞上天去了。沙僧深知八戒的本领，哪
jià qǐ yúntóu, fēishàng tiān qù le. Shāsēng shēnzhī Bājiè de běnlǐng, nǎ

能斗得过黄袍怪。就对师父说："让我去帮他一把！"
néng dòu de guò Huángpáoguài. Jiù duì shīfu shuō : "Ràng wǒ qù bāng tā yì bǎ!"

　　얼마 되지 않아, 팔계와 오정이 어전에 와서 국왕을 알현하였다. 국왕은 그들의
모습을 보자마자, 놀라서 자리에서 떨어져 버렸다. 삼장법사는 서둘러 말했다. "제
자들이 비록 용모가 추하게 생겼지만, 마음씨는 선량합니다." 국왕은 정신을 가
다듬고 물었다. "두 분 스님, 어느 분이 짐을 위해 요괴를 굴복시킬 수 있겠소?"
팔계가 말했다. "제가 요괴를 굴복시켜 붙잡을 수 있습니다!" 팔계는 잠시 기량을
뽐내고는, 몸을 솟구쳐 뛰어올라 구름을 몰고 하늘로 날아가 버렸다. 오정은 팔계
의 능력을 잘 알고 있었는데, 황포요괴에게 당해낼 수 없었다. 그래서 사부에게
말했다. "제가 가서 그를 한번 돕도록 해주십시오!"

丑陋 chǒulòu 용모나 모양이 추하다　|　心地 xīndì 마음씨　|　定神 dìngshén 정신을 가다듬다　|　长
老 zhǎnglǎo 학식이 풍부하고 나이가 많으며 덕이 높은 중, 화상(和尚)에 대한 높임말　|　逞能 chěng-
néng (재능이나 기량을) 뽐내다

沙僧也驾云赶去了。二人来到波月洞外，八戒
Shāsēng yě jià yún gǎnqù le. Èr rén láidào Bōyuèdòng wài, Bājiè

用钉耙把石门捣了个大窟窿，高声叫骂。黄袍怪提
yòng dīngpá bǎ shímén dǎo le ge dà kūlong, gāoshēng jiàomà. Huángpáoguài tí

了钢刀出来责问："我饶了你们师徒，你怎么不领情，
le gāngdāo chūlái zéwèn : "Wǒ ráo le nǐmen shītú, nǐ zěnme bù lǐngqíng,

倒打坏我家大门？"八戒说："你强占宝象国公主
dào dǎhuài wǒ jiā dàmén?" Bājiè shuō : "Nǐ qiángzhàn Bǎoxiàngguó gōngzhǔ

为妻，今天奉国王旨意来捉拿你！"老怪气得咬牙
wéi qī, jīntiān fèng guówáng zhǐyì lái zhuōná nǐ!" Lǎoguài qì de yǎoyá

瞪眼，举刀就砍。沙僧挥着宝杖也来助战。
dèngyǎn, jǔ dāo jiù kǎn. Shāsēng huī zhe bǎozhàng yě lái zhùzhàn.

打了十几个回合，八戒身体肥胖，有些招架不
Dǎ le shí jǐ ge huíhé, Bājiè shēntǐ féipàng, yǒuxiē zhāojià bu

住，就哄沙僧说："师弟先招架一会儿，我出去拉
zhù, jiù hǒng Shāsēng shuō : "Shīdì xiān zhāojià yíhuìr, wǒ chūqù lā

了屎再来。"说着就溜到草丛里假装拉屎，其实躺
le shǐ zài lái." Shuō zhe jiù liūdào cǎocóng li jiǎzhuāng lāshǐ, qíshí tǎng-

下就睡着了。沙僧一个人哪是黄袍怪的对手，被人
xià jiù shuìzháo le. Shāsēng yí ge rén nǎ shì Huángpáoguài de duìshǒu, bèi rén-

家一把抓住，绑上抬进洞里。黄袍怪回到洞里，想
jiā yì bǎ zhuāzhù, bǎngshàng táijìn dòngli. Huángpáoguài huídào dòngli, xiǎng-

起八戒刚才的话，料到一定是公主让唐僧捎信给国
qǐ Bājiè gāngcái de huà, liàodào yídìng shì gōngzhǔ ràng Tángsēng shāoxìn gěi guó-

王，这才派八戒、沙僧来捉拿他。
wáng, zhè cái pài Bājiè、Shāsēng lái zhuōná tā.

오정 역시 구름을 몰고 쫓아갔다. 두 사람은 파월동 밖에 이르렀고, 팔계는 쇠
스랑으로 돌문을 냅다 내리쳐서 큰 구멍을 내고는, 큰소리로 욕을 하였다. 황포요
괴는 강철 칼을 들고 나와 책망하며 물었다. "내 너희 사부와 제자를 살려 주었건만,
네놈은 어찌 감사하게 여기지 않고, 오히려 우리 집 대문을 때려 부수느냐?" 팔계
가 말했다. "네놈이 강제로 보상국 공주를 아내로 삼았기에, 오늘 국왕의 명을 받
들고 와서 네놈을 붙잡으려 한다!" 요괴는 화가 나서 이를 악물고 눈을 부라리며
칼을 들어 내리찍었다. 오정도 보물 지팡이를 휘두르며 와서 싸움을 도왔다.

십여 합을 싸웠는데, 팔계는 몸이 뚱뚱한 데다가 일부분 막아낼 수 없게 되자,
오정을 속이면서 말했다. "동생 먼저 잠시 동안만 막고 있어, 내 가서 똥 좀 누고
다시 올게." 말하면서 슬그머니 수풀 속으로 똥 누는 체 사라졌는데, 사실 누워서
곧바로 잠을 자버렸다. 오정 혼자서는 황포요괴의 상대가 되지 못해 그에게 한 주
먹에 붙잡혔고, 묶인 채로 들려 동굴 안으로 들어갔다. 황포요괴는 동굴로 돌아와,
팔계가 조금 전에 한 말을 생각했다. 분명 공주가 삼장법사를 통해 국왕에게 편지
를 전해 주었기에, 이번에 팔계와 오정을 보내 그를 붙잡으려 한다는 데에 생각이
미쳤다.

捣 dǎo 냅다 치다 ｜ 窟窿 kūlong 구멍 ｜ 钢刀 gāngdāo 강철 칼 ｜ 领情 lǐngqíng (상대방의 선물
·호의를) 감사히 여기다 ｜ 瞪眼 dèngyǎn 노려보다 ｜ 肥胖 féipàng 뚱뚱하다 ｜ 招架 zhāojià 당해
내다, 막아내다 ｜ 拉屎 lāshǐ 대변을 보다 ｜ 溜 liū (슬그머니) 사라지다 ｜ 草丛 cǎocóng 수풀 ｜
抬进 táijìn 들려 들어가다 ｜ 料到 liàodào 생각이 미치다, 예측하다

回到后洞，揪住公主的头发，骂道：“你这贱人！
Huídào hòudòng, jiūzhù gōngzhǔ de tóufa, mà dào : "Nǐ zhè jiànrén!

我待你一片真情，你倒要害我！”公主坚决不承认
Wǒ dài nǐ yí piàn zhēnqíng, nǐ dào yào hài wǒ!" Gōngzhǔ jiānjué bù chéngrèn

让唐僧捎信的事。黄袍怪揪着公主来到沙僧面前，
ràng Tángsēng shāoxìn de shì. Huángpáoguài jiū zhe gōngzhǔ láidào Shāsēng miànqián,

把刀架在沙僧脖子上说：“沙和尚，是不是你们替
bǎ dāo jiàzài Shāsēng bózi shang shuō : "Shā héshang, shìbúshì nǐmen tì

这贱人捎了书信给宝象国王？”
zhè jiànrén shāo le shūxìn gěi Bǎoxiàngguówáng?"

沙僧心想，公主救了我师父，不能连累她，就
Shāsēng xīn xiǎng, gōngzhǔ jiù le wǒ shīfu, bùnéng liánlěi tā, jiù

编瞎话说：“公主没有书信，是我师父在宝象国调
biān xiāhuà shuō : "Gōngzhǔ méiyǒu shūxìn, shì wǒ shīfu zài Bǎoxiàngguó diào-

换文牒[1]时，国王拿出公主的画像询问我们可曾
huàn wéndié shí, guówáng náchū gōngzhǔ de huàxiàng xúnwèn wǒmen kě céng

见过他的女儿。我师父才说了在波月洞蒙公主搭救
jiàn guo tā de nǚ'ér. Wǒ shīfu cái shuō le zài Bōyuèdòng méng gōngzhǔ dājiù

的事，国王才派我们来捉你。”黄袍怪这才向公主赔
de shì, guówáng cái pài wǒmen lái zhuō nǐ." Huángpáoguài zhè cái xiàng gōngzhǔ péi

不是，说：“既然你父王要捉我，我反正是他的女婿，
búshi, shuō : "Jìrán nǐ fùwáng yào zhuō wǒ, wǒ fǎnzhèng shì tā de nǚxu,

也应该主动去拜见。”
yě yīnggāi zhǔdòng qù bàijiàn."

 **1** 文牒：공문서 또는 증명서. 여기서는 당승이 그들의 나라국경을 출입할 수 있는 허가증을 말한다.

뒤쪽 동굴로 돌아와 공주의 머리카락을 움켜쥐고, 욕을 하며 말했다. "네 이 나쁜 년! 나는 너를 진실한 마음으로 대해 주었건만, 네년은 도리어 나를 해치려 해!" 공주는 단호하게 삼장법사에게 편지를 가져다 전해달라고 한 사실을 인정하지 않았다. 황포요괴는 공주를 움켜쥔 채로 오정 앞으로 와서, 칼을 오정의 목에 대고 말했다. "사오정, 너희들은 이 천박한 여자를 대신해 편지를 가져다 보상국 왕에게 전해 주었지?"

오정은 마음속으로 공주가 자신의 사부를 구해 주었으니 그녀를 연루시킬 수는 없다고 생각하고는, 거짓말을 꾸며 말했다. "공주님께선 편지가 없어. 우리 사부님께서 보상국에서 통행증을 교환하시다가, 국왕께서 공주의 초상화를 꺼내서 우리들에게 자신의 딸을 본 적이 있느냐고 물으셨지. 우리 사부님께선 그제야 파월동에서 공주님이 위험에서 구해 주신 일을 말씀하셨고, 국왕께서 우리들을 보내어 너를 잡으라고 하신 거다." 황포요괴는 그제야 공주에게 잘못하였다고 사과하며 말했다. "설사 당신 아버님께서 나를 잡으려 하신대도, 나는 어쨌든 그분의 사위이니 마땅히 직접 가서 만나 뵈어야겠군."

揪住 jiūzhù 꽉 붙잡다, 붙들다 | 贱人 jiànrén 나쁜 년 (옛날, 소설 또는 희곡에서 여자를 욕할 때 쓰던 말) | 编 biān 꾸미다, 날조하다 | 瞎话 xiāhuà 거짓말 | 调换 diàohuàn 교환하다 | 画像 huàxiàng 초상화 | 搭救 dājiù (위험·재난에서) 구하다, 구조하다

公主说："你这样的嘴脸，还是不去好。"黄袍
Gōngzhǔ shuō : "Nǐ zhèyàng de zuǐliǎn, háishi bú qù hǎo." Huángpáo-

怪说："这好办，我变个俊相公，国王见了，一定
guài shuō : "Zhè hǎobàn, wǒ biàn ge jùnxiànggong, guówáng jiàn le, yídìng

认我为驸马²。"说着摇身变成一个俊相公，驾云来
rèn wǒ wéi fùmǎ." Shuō zhe yáoshēn biànchéng yí ge jùnxiànggong, jià yún lái-

到宝象国。
dào Bǎoxiàngguó.

　　黄袍怪见了国王，花言巧语地说："我是三百
　　Huángpáoguài jiàn le guówáng, huā yán qiǎo yǔ de shuō : "Wǒ shì sānbǎi

里外碗子山波月洞人，十三年前上山打猎，见一只
lǐ wài Wǎnzishān Bōyuèdòng rén, shísān nián qián shàngshān dǎliè, jiàn yì zhī

猛虎衔着一个女子奔到森林。我一箭射伤猛虎，救
měnghǔ xián zhe yí ge nǚzǐ bēndào sēnlín. Wǒ yí jiàn shè shāng měnghǔ, jiù

了女子，带回家中，结为夫妻。后来才知道，她是
le nǚzǐ, dàihuí jiāzhōng, jié wéi fūqī. Hòulái cái zhīdào, tā shì

百花公主。"国王见模样英俊，不像个妖怪，将信
Bǎihuāgōngzhǔ." Guówáng jiàn múyàng yīngjùn, bú xiàng ge yāoguài, jiāng xìn

将疑。黄袍怪叹了口气，说："当年那只虎没有被
jiāng yí. Huángpáoguài tàn le kǒuqì, shuō : "Dāngnián nà zhī hǔ méiyǒu bèi

我射死，后来修炼成精，前天吃了去西天取经的唐
wǒ shèsǐ, hòulái xiūliàn chéng jīng, qiántiān chī le qù Xītiān qǔjīng de Táng-

僧，变成唐僧模样来这里哄骗
sēng, biànchéng Tángsēng múyàng lái zhèlǐ hǒngpiàn

国王，我特地赶来说明真相。"
guówáng, wǒ tèdì gǎnlái shuōmíng zhēnxiàng."

공주가 말했다. "당신의 이런 몰골로는, 아무래도 가지 않는 것이 좋겠어요." 황포요괴가 말했다. "그거야 쉬운 일이지, 내 준수한 선비로 둔갑하면 국왕이 보시고, 분명 나를 부마로 삼으실 거요." 말을 하면서, 몸을 흔들어 준수한 선비로 둔갑하고는, 구름을 몰고 보상국으로 왔다.

황포요괴는 국왕을 만나 감언이설로 말했다. "저는 삼백 리 밖에 있는 완자산 파월동 사람으로, 십삼 년 전 산에 올라 사냥을 하고 있는데, 사나운 호랑이 한 마리가 여자 한 명을 입에 물고 나무숲 속으로 도망치는 것을 보았습니다. 저의 화살 하나가 사나운 호랑이에게 상처를 입혔고, 여자를 구해서는 집으로 데리고 가 부부가 되었답니다. 나중에서야 그녀가 백화공주님인 것을 알게 되었습니다." 국왕은 그의 모습이 준수하고 요괴처럼 보이지 않자, 반신반의하였다. 황포요괴는 한숨을 쉬며 말했다. "그때 그 호랑이는 제 화살을 맞고도 죽지 않고, 나중에 수련하여 요괴가 되었습니다. 그런데 그저께 서천으로 불경을 구하러 가던 삼장법사를 먹어버리고는, 삼장법사의 모습으로 변해 이곳에 와서 국왕을 속이고 있어, 제가 특별히 쫓아와서 진상을 말씀드리는 것입니다."

2 驸马 : 부마. 한(漢)나라 때 말을 관리하던 관직을 '부마도위(驸马都尉)'라고 했는데, 위(魏)·진(晉) 이후에는 왕의 사위들이 부마도위에 임명되었으므로, 후대에는 오로지 왕의 사위만을 가리키는 말이 되었다.

嘴脸 zuǐliǎn 몰골, 상판 ┃ 好办 hǎobàn (처리)하기 쉽다 ┃ 相公 xiànggong 상공. 옛날, 지체 높은 집안의 젊은 선비의 높임말 ┃ 猛虎 měnghǔ 사나운 호랑이 ┃ 衔 xián 입에 물다, 머금다 ┃ 奔 bēn 도망치다 ┃ 英俊 yīngjùn 영민하고 준수하다 ┃ 将信将疑 jiāng xìn jiāng yí 반신반의하다 ┃ 叹气 tàn qì 한숨 쉬다, 탄식하다 ┃ 哄骗 hǒngpiàn 속이다

国王说：“唐僧明明坐在我身边，怎么是猛虎？”
Guówáng shuō : "Tángsēng míngmíng zuòzài wǒ shēnbiān, zěnme shì měnghǔ?"

妖怪叫人取来半杯冷水，含了一口，朝唐僧喷去，
Yāoguài jiào rén qǔlái bàn bēi lěngshuǐ, hán le yì kǒu, cháo Tángsēng pēnqù,

叫声：“变！”把唐僧变成了一只斑斓猛虎，吓得
jiào shēng : "biàn!" bǎ Tángsēng biànchéng le yì zhī bānlán měnghǔ, xià de

国王和文武官员纷纷躲避。黄袍怪叫武士抬来一只
guówáng hé wénwǔ guānyuán fēnfēn duǒbì. Huángpáoguài jiào wǔshì táilái yì zhī

铁笼，把猛虎锁在铁笼里。
tiělóng, bǎ měnghǔ suǒzài tiělóng li.

国王相信了黄袍怪，把他请进驸马府里，只等
Guówáng xiāngxìn le Huángpáoguài, bǎ tā qǐng jìn fùmǎfǔ li, zhǐ děng

去接公主回家团圆。这时候，八戒在草丛里睡醒了，
qù jiē gōngzhǔ huíjiā tuányuán. Zhèshíhou, Bājiè zài cǎocóng li shuìxǐng le,

看了看天，大约半夜。他知道沙僧已经被妖精捉住，
kàn le kàn tiān, dàyuē bànyè. Tā zhīdào Shāsēng yǐjing bèi yāojing zhuōzhù,

又不敢去救，只好回驿馆 [3] 来找师父。八戒在驿馆找
yòu bùgǎn qù jiù, zhǐhǎo huí yìguǎn lái zhǎo shīfu. Bājiè zài yìguǎn zhǎo

不到师父，急忙来到马棚里找白龙马。白龙马见了
bu dào shīfu, jímáng láidào mǎpéng li zhǎo Báilóngmǎ. Báilóngmǎ jiàn le

八戒，流着眼泪说：“二师兄，妖怪把师父变成了
Bājiè, liú zhe yǎnlèi shuō : "Èrshīxiōng, yāoguài bǎ shīfu biànchéng le

猛虎，你要赶快想办法救师父啊！”
měnghǔ, nǐ yào gǎnkuài xiǎng bànfǎ jiù shīfu a!"

국왕이 말했다. "삼장법사는 분명 내 곁에 앉아 계시는데, 어찌 사나운 호랑이라 하는 거냐?" 요괴는 사람을 시켜 냉수 반 잔을 가져다가, 한 모금 머금어 삼장법사를 향해 내뿜으며, "변해라!" 하고 소리쳤다. 삼장법사는 얼룩덜룩한 사나운 호랑이로 변하였고, 국왕과 문무백관은 놀라서 하나 둘씩 모두 몸을 숨겼다. 황포요괴는 무사를 시켜 쇠로 만든 우리 하나를 들고 오도록 하여, 사나운 호랑이를 쇠로 만든 우리 속에 가두었다.

국왕은 황포요괴를 믿고 그를 부마 관저로 들어가도록 하고는, 오로지 공주를 맞아 집에 돌아가서 가족들이 모두 한 자리에 모이기만을 기다렸다. 이때, 팔계는 수풀 속에서 잠이 깨어, 하늘을 보니 대략 한밤중이었다. 그는 오정이 이미 요괴에게 붙잡힌 것을 알고 다시 구하러 갈 엄두를 못 내고, 어쩔 수 없이 역관으로 돌아와 사부를 찾았다. 팔계는 역관에서 사부를 찾을 수 없자, 황급히 마구간으로 가서 백용마를 찾았다. 백용마는 팔계를 보고 눈물을 흘리며 말했다. "둘째 사형, 요괴가 사부님을 사나운 호랑이로 만들어 버렸소, 어서 사부님을 구할 방법 좀 생각해 봐요!"

斑斓 bānlán 여러 빛깔이 섞여서 알록달록 빛나다, 찬란하다 | 躲避 duǒbì 물러서다, 피하다 | 笼 lóng 우리 (옛날, 죄수를 가두는 형구) | 团圆 tuányuán (가족이 흩어졌다가 다시) 모이다 | 马棚 mǎpéng 마구간

八戒听了，一下子瘫软在地上："完了！完了！
Bājiè tīng le, yíxiàzi tānruǎn zài dìshang : "Wán le! Wán le!

趁早散伙。师弟，你回你的东海，老猪挑了行李回
chènzǎo sànhuǒ. Shīdì, nǐ huí nǐ de Dōnghǎi, Lǎo Zhū tiāo le xíngli huí

高老庄，还去做女婿！"说着，挑起担子要走。白
Gāolǎozhuāng, hái qù zuò nǚxu!" Shuō zhe, tiāoqǐ dànzi yào zǒu. Bái

龙马一口咬住八戒的衣襟不放，说："二师兄，你
lóngmǎ yì kǒu yǎozhù Bājiè de yījīn bú fàng, shuō : "Èrshīxiōng, nǐ

这散伙的话，辜负了菩萨的教诲。再说师父和三
zhè sànhuǒ de huà, gūfù le púsà de jiàohuì. Zàishuō shīfu hé sān-

师兄还在受苦，你怎忍心走呢？"八戒说："我也
shīxiōng hái zài shòukǔ, nǐ zěn rěnxīn zǒu ne?" Bājiè shuō : "Wǒ yě

不愿意当忘恩负义的人，只是我老猪斗不过那妖怪，
bú yuànyì dāng wàng ēn fù yì de rén, zhǐshì wǒ Lǎo Zhū dòu bu guò nà yāoguài,

你叫我怎么办？"
nǐ jiào wǒ zěnmebàn?"

　　白龙马说："二师兄好糊涂，你去花果山把大
　　Báilóngmǎ shuō : "Èrshīxiōng hǎo hútu, nǐ qù Huāguǒshān bǎ dà-

师兄请回来，什么妖魔降不了。"八戒为难地说：
shīxiōng qǐng huílái, shénme yāomó xiáng bu liǎo." Bājiè wéinán de shuō :

"那猴子和我不和睦，万一恼了，我就没命啦。"白
"Nà hóuzi hé wǒ bù hémù, wànyī nǎo le, wǒ jiù méi mìng la." Bái-

龙马说："大师兄是有情有义的猴王，你只要说师
lóngmǎ shuō : "Dàshīxiōng shì yǒu qíng yǒu yì de Hóuwáng, nǐ zhǐyào shuō shī-

父想念他，他一定会来的。"
fu xiǎngniàn tā, tā yídìng huì lái de."

팔계는 이를 듣고 갑자기 힘이 빠지면서 땅에 주저앉았다. "끝났다! 다 끝났어! 일찌감치 헤어지자꾸나. 동생, 너는 너의 동해 바다로 돌아가고, 나는 짐을 들고 고로장으로 돌아가 데릴사위가 되겠어."라고 하며, 짐을 챙겨 떠나려 하였다. 백용마는 입으로 팔계의 옷깃을 물고 놓아주지 않으며 말했다. "둘째 사형, 헤어지자는 말은 관음보살님의 가르침을 저버리는 것이오. 다시 말해, 사부님과 셋째 사형이 아직도 고초를 겪고 있는데, 형님께선 어찌 냉정하게 가시겠다고 하는 게요?" 팔계가 말했다. "나 역시 배은망덕한 사람이 되고 싶지 않아, 다만 이 저팔계는 그 요괴 놈을 이길 수 없는데, 너는 나더러 어쩌란 말이냐?"

백용마가 말했다. "둘째 사형은 참 멍청하오, 형님께서 화과산으로 가서 큰 사형을 청해 돌아오시도록 하면, 어떤 요괴가 굴복하지 않겠소." 팔계가 난처해하며 말했다. "그 원숭이는 나와 사이가 좋지 않아서, 만일 화나게 하기라도 했다가는 나는 바로 죽은 목숨이라고." 백용마가 말했다. "큰 사형은 정도 있고 의리도 있는 미후왕이지 않소. 사부님께서 큰 사형을 그리워한다고만 하면, 큰 사형은 반드시 오실 게요."

癱软 tānruǎn 맥이 풀리다 | 趁早 chènzǎo 일찌감치 | 散伙 sànhuǒ (단체·조합 따위를) 해산하다, 헤어지다 | 咬住 yǎozhù 꽉 물다, 물고 놓지 않다 | 辜负 gūfù (호의·기대·도움 따위를) 저버리다, 헛되게 하다 | 教诲 jiàohuì 가르치다, 깨우치다 | 受苦 shòukǔ 고통을 받다 | 忍心 rěnxīn 냉정하게 ～하다 | 忘恩负义 wàng ēn fù yì 배은망덕 하다 | 糊涂 hútu 어리석다, 멍청하다 | 和睦 hémù 화목하다, 사이좋다 | 万一 wànyī 만일 | 恼 nǎo 화내다

八戒听了白龙马的话，硬着头皮来找悟空。八
Bājiè tīng le Báilóngmǎ de huà, yìng zhe tóupí lái zhǎo Wùkōng. Bā-

戒害怕挨打，见了悟空低着头不吭声。悟空早就认
jiè hàipà áidǎ, jiàn le Wùkōng dī zhe tóu bù kēngshēng. Wùkōng zǎojiù rèn-

出了八戒，故意喊道："看你的模样不像我的猴子
chū le Bājiè, gùyì hǎndào : "Kàn nǐ de múyàng bú xiàng wǒ de hóuzi

猴孙，莫不是山外来的妖魔？"八戒嘟嘟囔囔地说：
hóusūn, mòbúshì shān wài lái de yāomó?" Bājiè dūdūnāngnāng de shuō :

"你我做了几年兄弟，才分别几天，怎么就不认得
"Nǐ wǒ zuò le jǐ nián xiōngdì, cái fēnbié jǐ tiān, zěnme jiù bú rènde

我了。"
wǒ le."

悟空叫他抬起头来，八戒把长嘴往上一伸，说：
Wùkōng jiào tā tái qǐ tóu lái, Bājiè bǎ cháng zuǐ wǎng shàng yì shēn, shuō :

"你看我是谁？"悟空忍不住噗嗤一声笑了："原来
"Nǐ kàn wǒ shì shéi?" Wùkōng rěn bu zhù pūchī yì shēng xiào le : "Yuánlái

是八戒。""正是我老猪。"悟空说："莫非你也打死
shì Bājiè." "Zhèngshì wǒ Lǎo Zhū." Wùkōng shuō : "Mòfēi nǐ yě dǎsǐ

了妖怪，师父把你也贬了？"八戒说："是师父想
le yāoguài, shīfu bǎ nǐ yě biǎn le?" Bājiè shuō : "Shì shīfu xiǎng-

念你，叫我来请你。"悟空哈哈大笑："你这呆子，
niàn nǐ, jiào wǒ lái qǐng nǐ." Wùkōng hāhā dàxiào : "Nǐ zhè dāizi,

竟敢跟我耍奸，我左耳能听到天堂，右耳能听到地
jìnggǎn gēn wǒ shuǎjiān, wǒ zuǒ'ěr néng tīngdào tiāntáng, yòu'ěr néng tīngdào dì-

狱。快把师父遭难的事说出来！"
yù. Kuài bǎ shīfu zāonán de shì shuō chūlái!"

팔계는 백용마의 말을 듣고, 염치 불고하고 오공을 찾아갔다. 팔계는 매 맞을 것이 두려워, 오공을 보고는 고개를 떨어뜨리고 아무 말도 하지 못했다. 오공은 일찌감치 팔계를 알아봤지만 일부러 소리쳤다. "너의 모습을 보니 내 원숭이 부하들 같지는 않은데, 혹시 산 밖에서 온 요괴 아니냐?" 팔계는 투덜대며 말했다. "당신과 내가 형제로 지낸 것이 몇 년인데, 겨우 며칠 헤어져 있었다고 어찌 나를 알아보지 못하는 게요."

오공이 그에게 고개를 들어 보라고 하였고, 팔계는 긴 주둥이를 위로 쭉 내밀며 말했다. "당신 보시오, 내가 누구요?" 오공은 참지 못하고 '키득키득' 웃었다. "알고 보니 팔계로구나." "바로 나 저팔계요." 오공이 말했다. "설마 너도 요괴를 때려죽여, 사부님께서 너 역시 혼내신 것은 아니겠지?" 팔계가 말했다. "사부님께서 형님을 그리워해서, 나더러 형님을 데려오라 하셨소." 오공은 '하하' 큰소리로 웃었다. "너 이 멍청한 놈아, 감히 나한테 수작을 부리려고 해, 내 왼쪽 귀는 천당의 소리를 들을 수 있고, 오른쪽 귀는 지옥의 소리를 들을 수 있어. 얼른 사부님께서 위험에 처한 일을 말해 보거라!"

硬着头皮 yìng zhe tóupí 염치 불고하다 | **挨打** áidǎ 매맞다, 구타당하다 | **吭声** kēngshēng 입을 열다, 말하다 (대부분 부정적으로 쓰임) | **莫不是** mòbúshì 혹시 ~이 아닐까? | **嘟嘟囔囔** dūdūnāngnāng 중얼거리다, 투덜거리다 | **噗嗤** pūchī 키득키득 (웃음소리) | **竟敢** jìnggǎn 감히 | **耍奸** shuǎjiān 수작을 부리다 | **遭难** zāonán 문제에 부딪치다

这一诈唬，果然把呆子吓倒了，只得把师父和
Zhè yì zhāhu, guǒrán bǎ dāizi xiàdǎo le, zhǐde bǎ shīfu hé

沙僧遭难的事讲出来，请悟空快去搭救。悟空埋怨
Shāsēng zāonán de shì jiǎng chūlái, qǐng Wùkōng kuài qù dājiù. Wùkōng mányuàn

他说："我临走再三叮嘱你们，遇到妖怪捉住师父，
tā shuō : "Wǒ línzǒu zàisān dīngzhǔ nǐmen, yùdào yāoguài zhuōzhù shīfu,

就提俺老孙的名字，你为什么不提？"这八戒虽然
jiù tí ǎn Lǎo Sūn de míngzi, nǐ wèishénme bù tí?" Zhè Bājiè suīrán

呆头呆脑，可是粗中有细，他深知悟空的脾气，听
dāi tóu dāi nǎo, kěshì cū zhōng yǒu xì, tā shēnzhī Wùkōng de píqì, tīng

了这话，忽然想起一个激将法来，于是说："我不
le zhè huà, hūrán xiǎngqǐ yí ge jījiàngfǎ lái, yúshì shuō : "Wǒ bù

提师兄还好，一提你的名字，那妖怪更火儿了，说：
tí shīxiōng hái hǎo, yì tí nǐ de míngzi, nà yāoguài gèng huǒr le, shuō :

'你别拿那弼马温来吓我，他要来了，我剥了他的皮，
'Nǐ bié ná nà Bìmǎwēn lái xià wǒ, tā yào lái le, wǒ bō le tā de pí,

抽了他的筋……'"悟空没听完八戒的话，气得一
chōu le tā de jīn……'" Wùkōng méi tīngwán Bājiè de huà, qì de yí

蹦三丈高，骂道："好个黄袍怪，我不把他捣成
bèng sān zhàng gāo, mà dào : "Hǎo ge Huángpáoguài, wǒ bù bǎ tā dǎochéng

粉末，誓不为人！"八戒暗暗高兴，他的激将法真
fěnmò, shì bù wéi rén!" Bājiè ànàn gāoxìng, tā de jījiàngfǎ zhēn

灵，一句话就把师兄请下了山。
líng, yí jù huà jiù bǎ shīxiōng qǐng xià le shān.

이렇게 고함치자, 과연 멍청이는 깜짝 놀라서 하는 수 없이 사부와 오정이 위험에 처한 일을 실토하고는, 오공에게 빨리 가서 구해 달라고 청하였다. 오공은 팔계를 원망하며 말했다. "내가 떠날 즈음이 되서 재차 신신당부하지 않았느냐, 요괴가 사부님을 사로잡는 일에 처하면, 바로 나 손오공님의 이름을 말하라고 하였거늘, 너는 어찌하여 꺼내지 않았단 말이냐?" 이 팔계는 비록 멍청하지만, 거칠면서도 세심한 데가 있었다. 그는 오공의 성질을 잘 알기에, 이 말을 듣고는 순간적으로 격장법을 떠올리며 말했다. "내가 사형을 꺼내지 않았다면 그나마 괜찮았을 것을, 사형의 이름을 꺼내자 그 요괴는 더욱 화를 내며 '너는 그 필마온 놈을 가지고 나를 겁주려 하지 마라. 그 녀석이 오기만 하면, 내 그놈의 가죽을 벗기고 그놈의 힘줄을 뽑아내서는 ……'이라고 말하더라고요." 오공은 팔계의 이야기를 다 듣지도 않고, 화가 나서 세 길 높이로 뛰어오르면서 욕을 하며 말했다. "잘난 황포요괴 놈, 내 그놈을 빻아 가루로 만들지 못하면, 절대 사람이 아니라고 맹세하겠다!" 팔계는 은근히 기뻐하였는데, 그의 격장법이 정말 신통하게도, 말 한 마디로 사형을 바로 산에서 내려가도록 한 것이다.

诈唬 zhàhu 고함 치다, 으르다 ｜ 吓倒 xiàdǎo 깜짝 놀라다 ｜ 临走 línzǒu 떠날 즈음이 되다 ｜
再三 zàisān 재삼, 여러 번 ｜ 叮嘱 dīngzhǔ 신신당부하다 ｜ 呆头呆脑 dāi tóu dāi nǎo 멍청하다 ｜
粗中有细 cū zhōng yǒu xì 거칠면서도 세심한 데가 있다 ｜ 脾气 píqì 성질, 기질 ｜ 激将法 jījiàngfǎ
격장법, 상대방을 자극하여 분발하게 하는 방법 ｜ 剥 bō 벗기다 ｜ 抽 chōu 뽑다 ｜ 筋 jīn 힘줄,
인대 ｜ 蹦 bèng 뛰어오르다 ｜ 捣 dǎo 찧다, 빻다 ｜ 粉末 fěnmò 가루, 분말 ｜ 誓不 shì bù
～가 아니라고 맹세하다

悟空和八戒驾云直奔波月洞而来。来到洞前，
守门小妖急忙报告公主。百花公主知道悟空的
本领，见了悟空，跪下来求他搭救父王和宝象国的
百姓。公主说："那怪有一颗宝丹，含在嘴里有无边
的法术，必须把宝丹弄到手，才能制服妖怪。"悟空
叫八戒、沙僧去宝象国把黄袍怪引回波月洞来，免得
伤害京城的百姓。

　　八戒和沙僧走后，悟空把洞里的小妖通通打死，
叫公主躲藏起来，自己变成公主的模样，等那黄袍
怪回来。黄袍怪听说他的老窝出事了，急忙赶回来。
黄袍怪回到波月洞，见悟空变的公主正披头散发地
痛哭，忙问："出什么事了？"假公主说："那八戒
使了法术，放了沙僧，又打伤我，我恐怕不行了。"

　오공과 팔계는 구름을 몰고 곧장 파월동으로 달려갔다. 동굴 앞에 이르자, 문을 지키던 졸개 요괴는 황급히 공주에게 보고하였다. 백화공주는 오공의 기량을 알고 있던 터라, 오공을 보고는 무릎을 꿇고 그에게 부왕과 보상국의 백성들을 구해 달라고 부탁하였다. 공주가 말했다. "그 요괴는 진귀한 단약 한 알이 있는데, 입 속에 머금고 있으면 끝없이 술법이 생기니, 반드시 단약을 손에 넣어야만, 요괴를 제압할 수 있습니다." 오공은 경성의 백성들이 해를 입지 않도록, 팔계와 오정에게 보상국으로 가서 황포요괴를 파월동으로 유인하여 오도록 하였다.

　팔계와 오정이 간 후, 오공은 동굴 안의 졸개 요괴들을 전부 때려죽이고, 공주 더러 도망쳐 숨어 있으라고 하고, 자신은 공주의 모습으로 둔갑하여 황포요괴가 돌아오길 기다렸다. 황포요괴는 자신의 소굴에 일이 생겼다는 얘기를 듣고, 급히 돌아왔다. 황포요괴는 파월동으로 돌아와, 오공이 둔갑한 공주가 마침 머리를 풀어 헤치고 통곡하고 있는 것을 보고는, 서둘러 물었다. "무슨 일이 생긴 거요?" 가짜 공주가 말했다. "그 팔계란 놈이 술법을 써서 오정을 풀어주고, 또 저를 때려 상처를 입혔는데, 저는 얼마 살지 못할 것 같네요."

通通 tōngtōng 전부, 모두　|　躲藏 duǒcáng 도망쳐 숨다　|　老窝 lǎowō 보금자리, 소굴　|　批头散发 pī tóu sàn fà 머리를 풀어 헤치다　|　打伤 dǎshāng 때려서 상처를 입히다

黄袍怪扶起公主，说："爱妻不要悲伤，请用
Huángpáoguài fúqǐ gōngzhǔ, shuō : "Àiqī búyào bēishāng, qǐng yòng

我的宝丹擦抹伤处，可以立即止痛。"说着从嘴里
wǒ de bǎodān cāmǒ shāngchù, kěyǐ lìjí zhǐtòng." Shuō zhe cóng zuǐli

吐出宝丹递给悟空。悟空接过宝丹来，一口吞到肚
tǔchū bǎodān dìgěi Wùkōng. Wùkōng jiē guò bǎodān lái, yì kǒu tūndào dù-

子里。妖怪急忙来抢，悟空把脸一抹，现出本相。
zi li. Yāoguài jímáng lái qiǎng, Wùkōng bǎ liǎn yì mǒ, xiànchū běnxiàng.

"谁是你爱妻，你大圣爷爷到了！"说着抽出金箍
"Shéi shì nǐ àiqī, nǐ dàshèng yéye dào le!" Shuō zhe chōuchū jīngū-

棒迎头打来。黄袍怪见是大闹天宫的孙大圣，自己
bàng yíngtóu dǎ lái. Huángpáoguài jiàn shì dànào tiāngōng de Sūn dàshèng, zìjǐ

的宝丹又被他收去，哪里还敢抵挡，急忙化作一阵
de bǎodān yòu bèi tā shōuqù, nǎli hái gǎn dǐdǎng, jímáng huàzuò yízhèn

烟逃走了。悟空紧紧追赶，一直追到天宫。悟空闯
yān táozǒu le. Wùkōng jǐnjǐn zhuīgǎn, yìzhí zhuīdào tiāngōng. Wùkōng chuǎng-

到灵霄宝殿，向玉帝告状。玉帝命天师检查各路神
dào Língxiāobǎodiàn, xiàng Yùdì gàozhuàng. Yùdì mìng tiānshī jiǎnchá gè lù shén-

仙，发现二十八星宿中的奎木狼私自下界十三天。
xiān, fāxiàn èrshíbā xīngxiù zhōng de Kuímùláng sīzì xiàjiè shísān tiān.

原来这天上一天，下界就是一年。玉帝把奎木狼叫
Yuánlái zhè tiānshang yì tiān, xiàjiè jiùshì yì nián. Yùdì bǎ Kuímùláng jiào

来，命他给大圣道歉，罚他到兜率宫给太上老君烧
lái, mìng tā gěi dàshèng dàoqiàn, fá tā dào Dōushuàigōng gěi Tàishàng Lǎojūn shāo-

火。
huǒ.

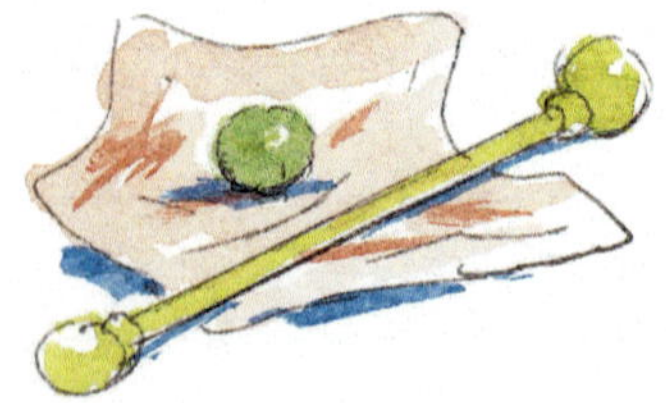

황포요괴는 공주를 부축하면서 말했다. "부인 너무 슬퍼하지 마오, 내 진귀한 단약을 이용하여 아픈 곳을 문지르면, 금방 통증이 멎을 것이오." 말을 하면서, 입에서 진귀한 단약을 내뱉어 오공에게 건네주었다. 오공은 진귀한 단약을 넘겨 받자, 한 입에 뱃속으로 삼켜버렸다. 요괴는 황급히 빼앗으려 하였고, 오공은 얼굴을 문질러 본래 모습을 드러내었다. "누가 네놈 마누라냐, 네 제천대성 조부님 께서 오셨다!" 말하면서, 여의봉을 꺼내어 정면으로 내리쳤다. 황포요괴는 천궁을 매우 소란스럽게 만들었던 제천대성을 보고, 자신의 진귀한 단약 또한 그에게 빼 앗긴 터라, 감히 계속 저항을 할 수 없어서, 황급히 한 줄기 연기로 변하여 도망 쳐 버렸다. 오공은 바짝 쫓아가 곧장 천궁까지 쫓아갔다. 오공은 영소보전으로 뛰 어 들어가, 옥황상제에게 일러바쳤다. 옥황상제는 천사에게 각지의 신선들을 조 사하도록 명령하니, 스물여덟 별자리 중에서 규목랑이 제멋대로 십삼 일 동안 아 래 세상에 내려간 것이 발각되었다. 원래 이곳 하늘의 하루는 아래 세상에서는 일 년이었다. 옥황상제는 규목랑을 불러와 제천대성에게 사죄하도록 명하고, 그에게 벌을 내려 도솔궁으로 가서 태상노군에게 불을 지펴 주게 하였다.

擦抹 cāmǒ 문지르다, 비비다　|　止痛 zhǐtòng 통증을 멈추게 하다　|　迎头 yíngtóu 정면, 맞은편　|
抵挡 dǐdǎng 저항하다　|　天师 tiānshī 천사, 천자(天子)의 군대　|　私自 sīzì 제멋대로　|　道歉
dàoqiàn 사죄하다　|　烧火 shāohuǒ 불을 지피다

悟空谢过玉帝，回到波月洞，和八戒、沙僧带
Wùkōng xiè guo Yùdì, huídào Bōyuèdòng, hé Bājiè、Shāsēng dài

了公主驾云回到宝象国。国王见了女儿，百感交集。
le gōngzhǔ jià yún huídào Bǎoxiàngguó. Guówáng jiàn le nǚ'ér, bǎi gǎn jiāo jí.

悟空见唐僧被魔法变成猛虎，锁在铁笼里，叫一声：
Wùkōng jiàn Tángsēng bèi mófǎ biànchéng měnghǔ, suǒzài tiělóng li, jiào yì shēng：

"师父！你是一心向善的和尚，怎么变成这种怪样
"Shīfu! Nǐ shì yìxīn xiàngshàn de héshang, zěnme biànchéng zhè zhǒng guài yàng-

子呀？"唐僧不能说话，但是心里明白，听了悟空
zi ya?" Tángsēng bùnéng shuōhuà, dànshì xīnli míngbai, tīng le Wùkōng

的话，流下眼泪来。
de huà, liúxià yǎnlèi lái.

　　오공은 옥황상제에게 감사를 표하고 파월동으로 돌아와, 팔계 그리고 오정과 함께 공주를 데리고 구름을 몰고 보상국으로 돌아갔다. 국왕은 딸을 보자 만감이 교차하였다. 오공은 삼장법사가 마법에 걸려 사나운 호랑이로 변해 쇠로 만든 우리 속에 갇혀 있는 것을 보고 소리쳤다. "사부님! 사부님은 한결같이 선을 따르는 스님이신데, 어쩌다가 이렇게 흉측한 모습으로 되셨나요?" 삼장법사는 말을 할 수 없었지만, 마음속으로는 이해하기에, 오공의 말을 듣자 눈물을 흘렸다.

百感交集 bǎi gǎn jiāo jí 만감이 교차하다, 온갖 생각이 뒤얽혀 서리다　｜　**魔法** mófǎ 마법, 요술　｜
一心 yìxīn 한결같이, 전심　｜　**向善** xiàngshàn 선한 것을 따르다

八戒和沙僧哀求悟空："不要再提过去的事了，
Bājiè hé Shāsēng āiqiú Wùkōng : "Búyào zài tí guòqù de shì le,

快救师父吧！"悟空叫人取来紫金钵盂，舀了半盂
kuài jiù shīfu ba!" Wùkōng jiào rén qǔlái zǐjīn bōyú, yǎo le bàn yú

清水，念动咒语，含一口水喷在虎头上，唐僧立即
qīngshuǐ, niàn dòng zhòuyǔ, hán yì kǒu shuǐ pēnzài hǔtóu shang, Tángsēng lìjí

现了原身。
xiàn le yuánshēn.

　　唐僧一把抓住悟空的手说："好徒弟，以前我
　　Tángsēng yì bǎ zhuāzhù Wùkōng de shǒu shuō : "Hǎo túdì, yǐqián wǒ

错怪了你，把你撵走，遭了这磨难。你可不能再走
cuòguài le nǐ, bǎ nǐ niǎnzǒu, zāo le zhè mónàn. Nǐ kě bùnéng zài zǒu

啦！"悟空说："师父，只求你以后少念那咒就是了。"
la!" Wùkōng shuō : "Shīfu, zhǐ qiú nǐ yǐhòu shǎo niàn nà zhòu jiùshì le."

国王非常高兴，设宴款待他们。吃了素宴，师徒四
Guówáng fēicháng gāoxìng, shèyàn kuǎndài tāmen. Chī le sù yàn, shītú sì

人继续西行。
rén jìxù xī xíng.

팔계와 오정은 오공에게, "더 이상 지나간 일은 들추어내지 마시고, 어서 빨리 사부님 좀 구해주세요!"라고 애원하였다. 오공은 사람을 시켜 자마황금 바리때에 반 바리 정도의 맑은 물을 떠오도록 하고, 주문을 외면서 물 한 모금을 머금더니 호랑이 머리를 향해 내뿜자, 삼장법사는 곧바로 원래 모습으로 나타났다.

삼장법사는 오공의 손을 붙잡고 말했다. "착한 제자야, 전에 내가 너를 오해하고 책망하여 내쫓았다가 이런 고난을 겪게 되었구나, 너는 다시는 떠나지 못한다!" 오공이 말했다. "사부님, 다음부터는 그 주문만 적게 외워 주세요." 국왕은 매우 기뻐하며 잔치를 열어 그들을 정성껏 대접하였다. 생선과 고기가 들어 있지 않은 음식을 먹고, 사부와 제자 네 사람은 계속하여 서쪽으로 나아갔다.

哀求 āiqiú 애원하다, 애걸하다 | 紫金 zǐjīn 자마황금 (자색을 띤 순수한 황금) | 舀 yǎo (국자 · 바가지 따위로) 푸다, 떠내다 | 错怪 cuòguài 오해로 인해 남을 책망하다(원망하다) | 撵走 niǎnzǒu 쫓아내다 | 磨难 mónàn 고난 | 设宴 shèyàn 잔치를 벌이다 | 款待 kuǎndài 정성껏 대접하다 | 素宴 sù yàn (생선 · 고기를 넣지 않은) 식물성 음식

1 본문을 읽고 다음 물음에 답하시오.

(1) 唐僧误入妖精洞，而被黄袍怪逮住的原因，不包含下列何者？

　　A. 因为孙悟空被唐僧赶走

　　B. 因为唐僧叫八戒开路，沙僧挑担

　　C. 因为沙僧去找离开化缘偷懒睡着的八戒

(2) 宝象国国王为什么会相信黄袍怪，而把他请进驸马府里？

　　A. 因为国王见他模样英俊，不像个妖怪

　　B. 因为黄袍怪以金银财宝救济宝象国的老百姓

　　C. 因为百花公主让唐僧给国王送信说黄袍怪就是她的丈夫

(3) 百花公主告诉悟空，如何制服黄袍怪？

　　A. 必须把黄袍怪的宝丹弄到手，才能制服他

　　B. 必须调集猴兵和七十二洞妖王摆开阵势迎战

　　C. 应该先打死洞里的所有小妖，然后等黄袍怪回来，抽出金箍棒
　　　 迎头打去

2 다음 문장을 자연스러운 우리말로 옮기시오.

(1) 既然你父王要捉我，我反正是他的女婿，也应该主动去拜见。
　　➡

(2) 唐僧不能说话，但是心里明白，听了悟空的话，流下眼泪来。
　　➡

3 **녹음을 듣고 빈칸에 들어갈 말을 써 넣으시오.**

(1) 那妖魔能(　　　　　　), 朝中官兵都是肉体凡胎, 怎么能(　　　)

得了?

(2) 国王见他(　　　)英俊, 不像个妖怪, (　　　　　)。

(3) 好徒弟, 以前我(　　　)了你, 把你撵走, 遭了这(　　　　)。

4 **다음 문장을 자연스러운 중국어로 옮기시오.**

(1) 팔계는 잠시 기량을 뽐내고는, 몸을 솟구쳐 뛰어올라 구름을 몰고
하늘로 날아가 버렸다.

➡

(2) 설마 너도 요괴를 때려죽여, 사부님께서 너 역시 혼내신 것은 아니
겠지?

➡

10

三调芭蕉扇

师徒四人跋山涉水，不觉过了春夏，到了金秋
Shītú sì rén bá shān shè shuǐ, bù jué guò le chūn xià, dào le jīn qiū

时节。一路上秋高气爽，正好赶路。正走着，忽然
shíjié. Yílùshang qiū gāo qì shuǎng, zhènghǎo gǎnlù. Zhèng zǒu zhe, hūrán

一阵热浪袭来，找人一问，原来他们来到了火焰山
yízhèn rèlàng xílái, zhǎo rén yí wèn, yuánlái tāmen láidào le Huǒyànshān

东麓。火焰山是去西方的必经之路。这火焰山无春
dōng lù. Huǒyànshān shì qù xīfāng de bì jīng zhī lù. Zhè huǒyànshān wú chūn

无秋，四季都是炎热的夏天。它长八百里，四周寸
wú qiū, sìjì dōu shì yánrè de xiàtiān. Tā cháng bābǎi lǐ, sìzhōu cùn-

草不生，人们根本没法通过。一个当地老人指点：
cǎo bù shēng, rénmen gēnběn méi fǎ tōngguò. Yí ge dāngdì lǎorén zhǐdiǎn :

"离这儿一千多里，有座翠云山，山上有个芭蕉洞，
"Lí zhèr yìqiān duō lǐ, yǒu zuò Cuìyúnshān, shānshang yǒu ge Bājiāodòng,

洞里有个铁扇仙。她那扇子一扇生风，二扇下雨，
dòngli yǒu ge Tiěshànxiān. Tā nà shànzi yì shān shēngfēng, èr shān xià yǔ,

三扇灭火。"悟空说："我去借她那扇子来使一使。"
sān shān mièhuǒ." Wùkōng shuō : "Wǒ qù jiè tā nà shànzi lái shǐ yì shǐ."

悟空说着，纵身一跳，就不见了。
Wùkōng shuō zhe, zòngshēn yí tiào, jiù bú jiàn le.

세 번째로 파초선을 얻다

사부와 제자 네 사람은 산을 넘고 물을 건너, 봄과 여름이 지나가는 것도 느끼지 못했는데 황금빛 가을이 되었다. 도중에 가을 하늘은 높고 바람은 상쾌하여 길을 재촉하기에 안성맞춤이었다. 마침 길을 걷고 있는데, 갑자기 한 차례 열기가 엄습하기에 사람을 찾아 물어보니, 그들이 화염산 동쪽 기슭에 도착한 것이었다. 화염산은 서방으로 가려면 반드시 거쳐 가야 하는 길이었다. 이 화염산에는 봄도 가을도 없이 사계절 내내 무더운 여름 날씨였다. 화염산의 길이는 팔백 리이고, 사방에 작은 풀조차 자라지 못하는데, 사람들은 아예 이곳을 통과할 수 없었다. 그 지방의 노인 한 분이 알려 주었다. "여기서 천여 리 떨어진 곳에 취운산이 있는데, 그 산에는 파초동이 있고 동굴 안에 철선신선이 살고 있습니다. 그녀의 부채로 한 번 부채질하면 바람이 일고, 두 번 부채질하면 비가 내리며, 세 번 부채질하면 불이 꺼집니다." 오공이 말했다. "제가 가서 그녀의 그 부채를 빌려 와서 좀 써 보도록 하지요." 오공은 말하며, 몸을 훌쩍 날리며 사라져 버렸다.

跋山涉水 bá shān shè shuǐ 산을 넘고 물을 건너다; 고생스럽게 먼 길을 가다 ┃ 秋高气爽 qiū gāo qì shuǎng 가을 하늘은 높고 공기는 상쾌하다 ┃ 热浪 rèlàng 열기, 무더위 ┃ 袭 xí 엄습하다, 끼쳐오다 ┃ 麓 lù 산기슭 ┃ 寸草 cùncǎo 작은 풀 ┃ 生风 shēngfēng 바람이 일다 ┃ 灭火 mièhuǒ 불을 끄다

悟空到了翠云山，碰见一个伐木的樵夫，上前
Wùkōng dào le Cuìyúnshān, pèngjiàn yí ge fámù de qiáofū, shàngqián

问道："请问有个铁扇仙住在哪里？"樵夫说：
wèndào : "Qǐngwèn yǒu ge Tiěshànxiān zhùzài nǎli?" Qiáofū shuō :

"这儿没有铁扇仙，只有一个铁扇公主，是大力牛
"Zhèr méiyǒu Tiěshànxiān, zhǐyǒu yí ge Tiěshàngōngzhǔ, shì dàlì Niú-

魔王的妻子。"悟空听了感到不妙，心中暗想："碰到
mówáng de qīzi." Wùkōng tīng le gǎndào búmiào, xīnzhōng ànxiǎng : "Pèngdào

冤家了！当年在火云洞降伏了红孩儿[1]，今天遇到
yuānjia le! Dāngnián zài Huǒyúndòng xiángfú le Hóngháiér, jīntiān yùdào

他亲娘，怎么会借扇子给我。"又一想，既然来了，
tā qīnniáng, zěnme huì jiè shànzi gěi wǒ." Yòu yì xiǎng, jìrán lái le,

就不能空手回去，只好硬着头皮来到芭蕉洞口敲
jiù bùnéng kōngshǒu huíqù, zhǐhǎo yìng zhe tóupí láidào Bājiāo dòngkǒu qiāo

门。洞里出来一个女童。悟空说："请禀报公主，就
mén. Dòngli chūlái yí ge nǚtóng. Wùkōng shuō : "Qǐng bǐngbào gōngzhǔ, jiù

说我们去西方要过火焰山，特来借芭蕉扇一用。"
shuō wǒmen qù xīfāng yào guò Huǒyànshān, tè lái jiè bājiāoshàn yí yòng."

女童问："你叫什么名字？"悟空说："我是东土大
Nǚtóng wèn : "Nǐ jiào shénme míngzi?" Wùkōng shuō : "Wǒ shì Dōngtǔ dà

唐前往西天取经的和尚，叫孙悟空。"女童转身进
Táng qiánwǎng Xītiān qǔjīng de héshang, jiào Sūn Wùkōng." Nǚtóng zhuǎnshēn jìn

洞禀报。
dòng bǐngbào.

오공은 취운산에 도착하여, 나무를 베고 있는 나무꾼 한 사람을 만나, 앞으로 다가가 물었다. "말씀 좀 묻겠습니다. 철선신선은 어디에 살고 있습니까?" 나무꾼이 말했다. "이곳엔 철선신선은 없고 다만 철선공주는 있는데, 힘센 우마왕의 아내랍니다." 오공은 이를 듣고 심상치 않은 느낌이 들어, 마음속으로 남몰래 생각했다. '원수를 만났군! 예전에 화운동에서 홍해아를 굴복시킨 적이 있는데, 오늘 그 친어미를 만나 어떻게 나에게 부채를 빌려달라고 한담.' 다시 생각해 보니, 기왕에 온 거 빈손으로 돌아갈 수는 없었다. 하는 수 없이 눈 딱 감고 파초동 입구에 와서 문을 두드렸다. 동굴 안에서 여자 아이 하나가 나왔다. 오공이 말했다. "공주께 보고 좀 해 주렴, 우리는 서방으로 가는 길에 화염산을 지나가야 해서, 특별히 파초선을 빌려 쓰려고 왔단다." 여자 아이가 물었다. "당신은 성함이 어떻게 되시는지요?" 오공이 말했다. "나는 동녘 땅 당나라에서 서천으로 불경을 구하러 가는 중으로, 손오공이라고 한단다." 여자 아이는 몸을 돌려 동굴 안으로 들어가 보고하였다.

1 **红孩儿** : 우마왕(牛魔王)과 나찰녀(羅刹女. 본문에서의 鐵扇公主)의 아들로, 화염산에서 삼백 년 동안 수행하여 삼매진화(三昧眞火)를 터득한다. 이후 불로장생을 위해 삼장법사를 잡아먹으려고 납치하였다가, 오히려 관음보살에게 황금테(金箍兒)가 씌워져 불문에 귀의하게 된다.

碰见 pèngjiàn 우연히 만나다 | **伐木** fámù 나무를 베다 | **不妙** búmiào 심상치 않다, 좋지 않다 |
冤家 yuānjiā 원수

公主听见"孙悟空"三字，骂道："这泼猴，
Gōngzhǔ tīngjiàn "Sūn Wùkōng" sān zì, mà dào : "Zhè pō hóu,

也有求到老娘的时候！"拿了两口青锋宝剑，出门
yě yǒu qiú dào lǎoniáng de shíhou!" Ná le liǎng kǒu Qīngfēngbǎojiàn, chūmén

喊道："孙悟空在哪里？"悟空急忙走过来说："嫂嫂，
hǎndào : "Sūn Wùkōng zài nǎli?" Wùkōng jímáng zǒu guòlái shuō : "Sǎosao,

老孙有礼。"公主说："谁是你嫂嫂！"悟空说："当
Lǎo Sūn yǒulǐ." Gōngzhǔ shuō : "Shéi shì nǐ sǎosao!" Wùkōng shuō : "Dāng-

年牛魔王和老孙结拜了兄弟，怎能不认嫂嫂！"公
nián Niúmówáng hé Lǎo Sūn jiébài le xiōngdì, zěnnéng bú rèn sǎosao!" Gōng-

主骂道："既有兄弟情义，你为什么陷害我儿红孩
zhǔ mà dào : "Jì yǒu xiōngdì qíngyì, nǐ wèishénme xiànhài wǒ ér Hónghái-

儿？我早想找你报仇，今天既然送上门来，就别怪
ér? Wǒ zǎo xiǎng zhǎo nǐ bàochóu, jīntiān jìrán sòng shàng mén lái, jiù bié guài

老娘无情！"悟空赔笑说："你儿子在观音那里做
lǎoniáng wúqíng!" Wùkōng péixiào shuō : "Nǐ érzi zài Guānyīn nàli zuò

了善财童子，你不谢我，反而怪我，太不讲理了！"
le Shàncáitóngzǐ, nǐ bú xiè wǒ, fǎn'ér guài wǒ, tài bù jiǎnglǐ le!"

公主怒道："你个泼猴，我儿虽没丧命，但是远在
Gōngzhǔ nù dào : "Nǐ ge pō hóu, wǒ ér suī méi sàngmìng, dànshì yuǎn zài

南海，家人不能相聚。"悟空笑道："嫂嫂要见令郎
Nánhǎi, jiārén bùnéng xiāng jù." Wùkōng xiào dào : "Sǎosao yào jiàn lìngláng

不难，你先把扇子借我，扇灭了火，送我师父过去，
bù nán, nǐ xiān bǎ shànzi jiè wǒ, shānmiè le huǒ, sòng wǒ shīfu guòqù,

我就到南海求观音菩萨让令郎来见你。"
wǒ jiù dào Nánhǎi qiú Guānyīnpúsà ràng lìngláng lái jiàn nǐ."

공주는 '손오공'이라는 세 글자를 듣자, 욕을 하며 말했다. "이 밉살스런 원숭이놈이 이 마나님한테 부탁하러 올 때가 다 있군!" 청봉보검 두 자루를 들고, 밖으로 나와 큰 소리로 외쳤다. "손오공 어디 있느냐?" 오공은 재빨리 걸어와서 말했다. "형수님, 손오공 인사 여쭙니다." 공주가 말했다. "누가 네 형수냐!" 오공이 말했다, "예전에 우마왕과 제가 의형제를 맺었는데, 어찌 형수님을 인정하지 않을 수 있습니까!" 공주가 욕하며 말했다. "기왕 형제의 인정과 의리가 있다면, 네놈은 어이하여 내 아들 홍해아를 모함했단 말이냐? 내 진작 네놈을 찾아가 원수를 갚으려 하였는데, 오늘 기왕 문 앞까지 와 주니, 이 마나님이 무정하다 탓하지 마라!" 오공은 웃음을 지으며 말했다. "당신의 아들은 관음보살이 계신 곳에서 선재동자가 되어 있는데, 당신은 내게 감사하기는커녕 오히려 저를 탓하시니, 참으로 이치에 맞지 않는군요!" 공주는 노하여 말했다. "네 이 밉살스런 원숭이놈아, 내 아들이 비록 목숨을 잃지 않았다 하더라도, 먼 남해에 있어 가족들이 서로 모일 수 없지 않느냐." 오공이 웃으며 말했다. "형수님께서 아드님을 만나는 건 어렵지 않아요. 형수님께서 먼저 제게 부채를 빌려 주시면, 부채질하여 불을 꺼서 저희 사부님을 보내 드리고, 제가 남해로 가서 관음보살께 부탁 드려 아드님이 형수님을 뵈러 오도록 하겠습니다."

泼 pō 밉살스럽다, 세차고 억척스럽다　│　老娘 lǎoniáng 부인의 자칭　│　嫂嫂 sǎosao 형수, 아주머니　│　结拜 jiébài 의형제를 맺다　│　情义 qíngyì 인정과 의리, 우정　│　陷害 xiànhài 모함하다　│　报仇 bàochóu 원수를 갚다, 복수하다　│　讲理 jiǎnglǐ 이치에 밝다, 도리를 알다　│　丧命 sàngmìng 목숨을 잃다　│　令郎 lìngláng 아드님

公主更生气了："泼猴！少废话！伸过头来，
Gōngzhǔ gèng shēngqì le : "Pō hóu! Shǎo fèihuà! Shēn guò tóu lái,

让我砍上几剑，你能忍得住疼痛，就借扇子给你；
ràng wǒ kǎn shàng jǐ jiàn, nǐ néng rěn de zhù téngtòng, jiù jiè shànzi gěi nǐ ;

要是忍不住，就免开尊口！"悟空笑着伸过头去："只
Yàoshi rěn bu zhù, jiù miǎn kāi zūn kǒu!" Wùkōng xiào zhe shēn guò tóu qù : "Zhǐ-

要嫂嫂肯借扇子，任嫂嫂砍多少剑都行！"公主不
yào sǎosao kěn jiè shànzi, rèn sǎosao kǎn duōshao jiàn dōu xíng!" Gōngzhǔ bú

再多说，双手抡剑，在悟空头上乒乒乓乓砍了几十
zài duōshuō, shuāng shǒu lūn jiàn, zài Wùkōng tóushang pīngpīngpāngpāng kǎn le jǐ shí

下。只见火星乱溅，可悟空什么事也没有。
xià. Zhǐjiàn huǒxīng luàn jiàn, kě Wùkōng shénme shì yě méiyǒu.

공주는 더욱 화를 내었다. "밉살스런 원숭이놈! 허튼소리 작작해라! 머리나 내밀어라, 내 검으로 몇 번 내리 찍어 네놈이 아픔을 참아내면, 부채를 네놈에게 빌려줄 것이고, 만약 참아내지 못하면, 그런 소리는 아예 하지도 말거라!" 오공은 웃으면서 머리를 내밀었다. "단지 형수님께서 부채를 빌려 주시기만 하면, 형수님께서 검으로 몇 번을 내리찍으셔도 됩니다!" 공주는 더 이상 다른 말은 하지 않고, 양손으로 검을 휘둘러 오공의 머리 위를 '탱, 탱, 탱, 탱' 수십 번을 내리찍었다. 그러나 불꽃만 어지럽게 튀었을 뿐, 오공에겐 아무 일도 없었다.

废话 fèihuà 쓸데없는 말을 하다 ｜ 免开尊口 miǎn kāi zūn kǒu 그런 말씀은 하지 마라 ｜ 乒乓 pīng-pāng 탱탱, 뻥뻥 (서로 부딪치는 소리)

公主慌了，转身要走。悟空一把扯住说："嫂嫂，
Gōngzhǔ huāng le, zhuǎnshēn yào zǒu. Wùkōng yì bǎ chězhù shuō : "Sǎosao,

说话算数，你剑也砍了，气也撒了，该借我扇子了。"
shuōhuà suànshù, nǐ jiàn yě kǎn le, qì yě sā le, gāi jiè wǒ shànzi le."

公主耍赖："我的宝贝哪能随便借人。"悟空说："既
Gōngzhǔ shuǎlài : "Wǒ de bǎobèi nǎnéng suíbiàn jiè rén." Wùkōng shuō : "Jì-

然不借，先吃我老孙一棒！"两人就在翠云山前厮
rán bú jiè, xiān chī wǒ Lǎo Sūn yí bàng!" Liǎng rén jiù zài Cuìyúnshān qián sī-

杀起来。
shā qǐlái.

打了几十回合，天色已晚。铁扇公主料定打不
Dǎ le jǐ shí huíhé, tiānsè yǐ wǎn. Tiěshàngōngzhǔ liàodìng dǎ bu

过孙悟空，便取出芭蕉扇使劲一扇。悟空被扇得像
guò Sūn Wùkōng, biàn qǔchū bājiāoshàn shǐjìn yì shān. Wùkōng bèi shān de xiàng

风车一样旋转，在风中飘动，直到天明时，飘到一
fēngchē yíyàng xuánzhuǎn, zài fēngzhōng piāodòng, zhídào tiān míng shí, piāodào yí

座山上，双手抱住一块山石才停下来，仔细一看，
zuò shānshang, shuāng shǒu bàozhù yí kuài shān shí cái tíng xiàlái, zǐxì yí kàn,

是小须弥山："好厉害啊，怎么就把老孙扇到这几
shì Xiǎoxūmíshān : "Hǎo lìhai a, zěnme jiù bǎ Lǎo Sūn shāndào zhè jǐ

万里外的地方来了？也好，让我去拜访拜访灵吉菩
wàn lǐ wài de dìfang lái le? Yě hǎo, ràng wǒ qù bàifǎng bàifǎng Língjípú-

萨再说。"
sà zài shuō."

算数 suànshù 책임을 지다　|　撒气 sā qì 화풀이를 하다　|　耍赖 shuǎlài 억지 부리다, 생떼 쓰다
天色 tiānsè 날, 하늘빛　|　料定 liàodìng 단정하다, 예측하다　|　使劲 shǐjìn 힘을 쓰다　|　风车
fēngchē 풍차　|　旋转 xuánzhuǎn 빙빙 회전하다, 선회하다　|　飘动 piāodòng 나풀거리다, 펄럭이다

공주는 당황하여 몸을 돌려 도망치려 하였다. 오공은 한 주먹으로 붙잡고 말했다. "형수님, 말씀에 책임을 지세요. 검으로 내리찍고 분도 푸셨으니, 마땅히 제게 부채를 빌려 주셔야죠." 공주는 억지를 부렸다. "내 보물을 어떻게 마음대로 남에게 빌려 줄 수 있겠느냐." 오공이 말했다. "기왕 빌려 주지 않겠다고 한 이상, 먼저 이 손오공님의 여의봉 맛이나 한 번 보시지요!" 두 사람은 바로 취운산 앞에서 싸우기 시작하였다.

수십 합을 싸우니, 날도 이미 저물었다. 철선공주는 손오공을 이길 수 없다고 단정하고, 파초선을 꺼내 힘껏 한 번 휘둘렀다. 오공은 부채질에 풍차처럼 빙빙 돌면서, 바람 속에서 나풀거리다가, 날이 밝을 무렵에는 어떤 산 위까지 날아갔다. 양손으로 바위 하나를 끌어안고 겨우 멈출 수 있었는데, 자세히 살펴보니 그곳은 소수미산이었다. "정말 굉장하군, 어떻게 이 손오공님을 이 수만 리 밖까지 날려 보냈을까? 어쨌든 잘됐네, 내 영길보살이나 좀 찾아뵙고 다시 말해보자."

悟空来到禅院，灵吉问："你不保唐僧去取经，
Wùkōng láidào Chányuàn, Língjí wèn : "Nǐ bù bǎo Tángsēng qù qǔjīng,

怎么有闲心到这儿游山玩水？"悟空就把借扇的前
zěnme yǒu xiánxīn dào zhèr yóu shān wán shuǐ?" Wùkōng jiù bǎ jiè shàn de qián-

前后后说了一遍。灵吉菩萨说："也是你好运气，
qiánhòuhòu shuō le yí biàn. Língjípúsà shuō : "Yě shì nǐ hǎo yùnqi,

当年如来赐我一粒定风丹，我送给大圣，保管叫她
dāngnián Rúlái cì wǒ yí lì dìngfēngdān, wǒ sònggěi dàshèng, bǎoguǎn jiào tā

扇不动。"悟空感激不尽，灵吉把定风丹缝在悟空
shān bu dòng." Wùkōng gǎnjī bújìn, Língjí bǎ dìngfēngdān féngzài Wùkōng

的衣领里边。悟空辞了灵吉，一个筋斗便回到芭
de yīlǐng lǐbiān. Wùkōng cí le Língjí, yí ge jīndǒu biàn huídào Bā-

蕉洞，用铁棒戳着洞门叫道："开门！老孙来借扇
jiāodòng, yòng tiěbàng chuō zhe dòngmén jiào dào : "Kāimén! Lǎo Sūn lái jiè shàn-

子使使！"公主听了，心里纳闷："我一扇要扇他
zi shǐshǐ!" Gōngzhǔ tīng le, xīnli nàmèn : "Wǒ yì shān yào shān tā

八万四千里，怎么又转回来了？"公主提着双剑走
bāwàn sìqiān lǐ, zěnme yòu zhuǎn huílái le?" Gōngzhǔ tí zhe shuāng jiàn zǒu

出门来，悟空再一次笑嘻嘻地向她借扇。公主也不
chū mén lái, Wùkōng zài yí cì xiàoxīxī de xiàng tā jiè shàn. Gōngzhǔ yě bù

多说，挥剑就砍，悟空举棒相迎，两个又厮杀起来。
duōshuō, huī jiàn jiù kǎn, Wùkōng jǔ bàng xiāngyíng, liǎng ge yòu sīshā qǐlái.

斗了几个回合，公主取出扇子朝悟空扇了一扇，悟
Dòu le jǐ ge huíhé, gōngzhǔ qǔchū shànzi cháo Wùkōng shān le yí shàn, Wù-

空纹丝不动，笑吟吟地说："这次不比上次，任你
kōng wénsī bu dòng, xiàoyínyín de shuō : "Zhècì bù bǐ shàngcì, rèn nǐ

怎么扇，老孙要是眨眨眼皮，就不算好汉。"
zěnme shān, Lǎo Sūn yàoshi zhǎzhǎ yǎnpí, jiù bú suàn hǎohàn."

오공이 선원에 이르자, 영길보살이 물었다. "그대께선 삼장법사를 보필하여 경전을 구하러 가지 않고, 어찌 한가로이 예서 노닐고 계시나요?" 오공은 바로 부채를 빌리려 했던 전후 사정을 처음부터 끝까지 말했다. 영길보살이 말했다. "역시나 당신께선 운이 좋으시군요! 예전에 석가여래께서 제게 정풍단 한 알을 주셨는데, 제가 제천대성님께 드리지요. 틀림없이 그녀가 부채질을 하더라도 꿈쩍하지 않을 것입니다." 오공은 한없이 감격하였고, 영길보살은 정풍단을 오공의 옷깃 안쪽에 꿰매주었다. 오공은 영길보살과 작별하고 근두운을 타고 파초동으로 돌아와, 여의봉으로 동굴 문을 꾹꾹 찌르며 소리쳤다. "문 열어라! 손오공님께서 부채 좀 빌려 쓰러 오셨다!" 공주는 이를 듣고 마음속이 갑갑해졌다. "내 부채질 한 번이면 그놈을 팔만 사천 리나 날려 보냈을 텐데, 어떻게 다시 돌아왔을까?" 공주가 쌍검을 들고 문밖으로 나오자, 오공은 다시 히죽거리며 그녀에게 부채를 빌려달라고 하였다. 공주 역시 여러 말 않고 검을 휘둘러 내리찍었다. 오공은 여의봉을 들어 맞서니, 두 사람은 또 싸우기 시작하였다. 몇 합을 싸우다, 공주가 부채를 꺼내서 오공을 향해 부채질을 한 번 하였으나, 오공은 조금도 움직이지 않고, '피식' 웃으며 말했다. "이번엔 지난번과 달라, 당신이 어떻게 부채질을 하던 간에, 이 손오공이 눈꺼풀을 깜빡이기라도 한다면, 사나이가 아니외다."

禅院 chányuàn 선원, 성종(禅宗)의 절 (불교)　｜　闲心 xiánxīn 한가로운 마음　｜　游山玩水 yóu shān wán shuǐ 자연에 노닐다　｜　保管 bǎoguǎn 꼭, 틀림없이　｜　不尽 bújìn 그지없다, 끝(한)이 없다　｜　衣领 yīlǐng 옷깃, 칼라　｜　纳闷 nàmèn (마음에 의혹이 생겨) 답답하다, 갑갑해하다　｜　纹丝 wénsī 약간, 조금　｜　笑吟吟 xiàoyínyín 미소짓는 모양, 빙그레 웃는 모양　｜　眨 zhǎ (눈을) 깜박거리다, 깜빡거리다　｜　眼皮 yǎnpí 눈꺼풀

公主又扇了两扇，悟空果然不动。公主急忙收
Gōngzhǔ yòu shān le liǎng shàn, Wùkōng guǒrán bú dòng. Gōngzhǔ jímáng shōu

了宝贝，转身走进洞里，把门紧紧关上，再也不肯
le bǎobèi, zhuǎnshēn zǒujìn dòngli, bǎ mén jǐnjǐn guānshàng, zài yě bùkěn

出来。
chūlái.

悟空摇身一变，变成一个鹪鹩虫儿，从门缝中
Wùkōng yáoshēn yí biàn, biànchéng yí ge jiāoliáochóngr, cóng ménfèng zhōng

钻进去，只听公主叫道："渴死我了，快拿茶来！"
zuān jìnqù, zhǐtīng gōngzhǔ jiào dào : "Kěsǐ wǒ le, kuài ná chá lái!"

悟空见女童倒了茶来，"嗡"的一声，飞到茶沫下面。
Wùkōng jiàn nǚtóng dào le chá lái, "wēng" de yì shēng, fēidào chámò xiàmian.

公主渴极了，接过茶，两三口就喝下去。悟空趁机
Gōngzhǔ kě jíle, jiē guò chá, liǎng sān kǒu jiù hē xiàqù. Wùkōng chènjī

进入了她的肚子里，在肚里现出原身，高声叫道："嫂
jìnrù le tā de dùzi li, zài dùli xiànchū yuánshēn, gāoshēng jiào dào : "Sǎo-

嫂，借给我扇子使使！"公主大惊失色，忙问："你
sao, jiègěi wǒ shànzi shǐshǐ" Gōngzhǔ dà jīng shī sè, máng wèn : "Nǐ

在哪里？"悟空说："我在嫂嫂的肚子里玩耍哩！"
zài nǎli?" Wùkōng shuō : "Wǒ zài sǎosao de dùzi li wánshuǎ li!"

说着把脚一蹬，那公主疼痛难忍，坐在地上大喊大
Shuō zhe bǎ jiǎo yì dēng, nà gōngzhǔ téngtòng nán rěn, zuòzài dìshang dà hǎn dà

叫。悟空又把头往上一顶，公主心疼得面黄唇白，
jiào. Wùkōng yòu bǎ tóu wǎng shàng yì dǐng, gōngzhǔ xīn téng de miàn huáng chún bái,

在地上打滚，叫道："孙叔叔饶命！"
zài dìshang dǎgǔn, jiào dào : "Sūn shūshu ráomìng!"

　공주는 다시 부채질을 두 번이나 하였으나, 오공은 과연 꿈쩍도 하지 않았다. 공주는 서둘러 보물을 거두고는, 몸을 돌려 동굴 안으로 들어가더니, 문을 꼭 닫아걸고는 다시는 나오려 하지 않았다.

　오공은 몸을 흔들어 둔갑하여 굴뚝새 벌레가 되었고, 문틈으로 뚫고 들어가니, 공주가 소리치는 것이 들렸다. "목말라 죽겠다. 얼른 차를 가져오너라!" 오공은 여자 아이가 차를 따르는 것을 보고는, "앵앵" 소리를 내며 차 거품 아래로 날아들었다. 공주는 몹시 목이 말라 있던 터라, 차를 받자마자 두세 모금 만에 모두 마셔버렸다. 오공은 이 틈을 이용하여 그녀의 뱃속으로 들어갔고, 뱃속에서 본래 모습을 드러내고 버럭 소리를 질렀다. "형수님, 제가 부채 좀 빌려 씁시다!" 공주는 깜짝 놀라 얼굴색이 변하며, 황급히 물었다. "네놈 어디 있는 게냐?" 오공이 말했다. "저는 형수님 뱃속에서 놀고 있답니다!" 말하고는 발을 한 번 굴렀다. 공주는 아픔을 견디지 못하고, 땅바닥에 주저앉아 큰 소리로 부르짖었다. 오공이 또 머리를 위쪽으로 해서 한 번 들이받으니, 공주는 가슴이 아파 얼굴이 누레지고 입술은 창백해져 땅에서 데굴데굴 구르며 소리쳤다. "손 도련님 살려 주세요!"

鷦鷯 jiāoliáo 굴뚝새　｜　渴 kě 목 타다　｜　嗡 wēng 붕붕, 앵앵 (곤충 따위가 내는 소리)　｜　茶沫 chá mò 차 찌꺼기　｜　蹬 dēng 디디다, 밟다　｜　大喊大叫 dà hǎn dà jiào 큰 소리로 부르짖다　｜　顶 dǐng 머리로 받치다　｜　面黄唇白 miàn huáng chún bái 얼굴이 누렇고 입술이 창백하다　｜　饶命 ráomìng 목숨을 살려주다

悟空这才收了手脚，说："看在我牛大哥的面
Wùkōng zhè cái shōu le shǒujiǎo, shuō : "Kàn zài wǒ Niú dàgē de miàn-

子上，饶你不死。快把扇子拿给我。"公主说："扇
zi shang, ráo nǐ bù sǐ. Kuài bǎ shànzi ná gěi wǒ." Gōngzhǔ shuō : "Shàn-

子好说，你出来拿吧！"随即示意女童拿来一柄芭
zi hǎoshuō, nǐ chūlái ná ba!" Suíjí shìyì nǚtóng nálái yì bǐng bā-

蕉扇。悟空叫公主张开嘴，从嘴里飞出来，现了本
jiāoshàn. Wùkōng jiào gōngzhǔ zhāngkāi zuǐ, cóng zuǐli fēi chūlái, xiàn le běn-

相，接过扇子，说："谢谢嫂嫂，老孙走了。"
xiàng, jiē guò shànzi, shuō : "Xièxie sǎosao, Lǎo Sūn zǒu le."

悟空出了芭蕉洞，驾起云，不一会儿回到唐僧
Wùkōng chū le Bājiāodòng, jià qǐ yún, bùyíhuìr huídào Tángsēng

身边。悟空对师父他们说："你们暂时在这儿歇着，
shēnbiān. Wùkōng duì shīfu tāmen shuō : "Nǐmen zànshí zài zhèr xiē zhe,

我去扇灭了火，下过雨，等凉爽了再过山去。"悟
wǒ qù shānmiè le huǒ, xià guò yǔ, děng liángshuǎng le zài guò shān qù." Wù-

空忍着热，飞到山前。只见烈焰熊熊，浓烟滚滚，
kōng rěn zhe rè, fēidào shānqián. Zhǐjiàn lièyàn xióngxióng, nóngyān gǔngǔn,

把天都烤红了。悟空用力一扇，不料那山上火光呼
bǎ tiān dōu kǎohóng le. Wùkōng yònglì yì shān, búliào nà shānshang huǒguāng hū

地腾起；再扇火势更旺；又一扇，那火焰足有千丈
de téngqǐ ; Zài shān huǒshì gèng wàng ; Yòu yì shān, nà huǒyàn zúyǒu qiān zhàng

高。悟空这才明白扇子是假的，急忙跳开，可是已
gāo. Wùkōng zhè cái míngbai shànzi shì jiǎ de, jímáng tiàokāi, kěshì yǐ-

经烧掉了两股毫毛。悟空回身便跑，跑到唐僧跟前，
jing shāodiào le liǎng gǔ háomáo. Wùkōng huíshēn biàn pǎo, pǎodào Tángsēng gēnqián,

喊："快跑！火来了！"
hǎn : "Kuài pǎo! Huǒ lái le!"

오공은 그제야 동작을 멈추며 말했다. "저희 우마왕 큰형님의 얼굴을 봐서, 목숨만은 살려 드리는 겁니다. 어서 부채를 가져다 제게 주세요." 공주가 말했다. "부채는 됐어요, 당신이 나와서 가져가세요!" 즉시 여자 아이에게 분부하여 파초선을 가져오도록 하였다. 오공은 공주에게 입을 벌리라고 하고는, 입 속에서 날아 나오더니 본래 모습을 드러내면서 부채를 받아 쥐고 말했다. "형수 고맙소. 이 손오공 물러갑니다."

오공은 파초동을 나와, 구름을 몰고 순식간에 삼장법사 곁으로 돌아왔다. 오공은 사부와 일행에게 말했다. "여러분 잠시만 여기서 쉬고 계세요, 내가 가서 부채질을 하여 불을 끄고 비를 내리게 하여, 시원하고 상쾌해지기를 기다렸다가 다시 산을 넘어가기로 하지요." 오공은 뜨거움을 참으며 산 앞까지 날아갔다. 언뜻 보니 맹렬한 불길이 활활 타오르고 짙은 연기가 세차게 피어올라, 하늘은 온통 시뻘겋게 불거져 있었다. 오공이 힘껏 한 번 부채질을 하자, 뜻밖에도 그 산의 불빛이 휙휙 힘차게 일어났고, 다시 부치니 불길은 더욱 맹렬했다. 다시 또 한 번 부채를 부치자 그 화염은 족히 천 길 높이나 되었다. 오공은 그제야 부채가 가짜라는 사실을 깨닫고 황급히 물러났지만, 이미 양쪽 넓적다리의 털이 모두 타버린 뒤였다. 오공은 몸을 돌려 달음박질쳤고, 삼장법사가 있는 곳까지 달려와서는 소리쳤다. "빨리 뛰세요! 불길이 다가와요!"

好说 hǎoshuō 됐다 | **烈焰** lièyàn 맹렬한 불길 | **熊熊** xióngxióng 활활, 이글이글 | **滚滚** gǔngǔn 세차게 굽이쳐 흐르는 모양 | **火光** huǒguāng 불빛 | **呼** hū 휙 (바람 따위의 소리) | **腾** téng 뛰어오르다, 올라가다 | **旺** wàng (기운이나 세력이) 왕성하다, 맹렬하다 | **股** gǔ 넓적다리

唐僧急忙上马，往回走了二十余里，才停下来。
Tángsēng jímáng shàngmǎ, wǎng huí zǒu le èrshí yú lǐ, cái tíng xiàlái.

悟空丢了扇子说："我天天打雁，今天被雁啄了眼
Wùkōng diū le shànzi shuō : "Wǒ tiāntiān dǎ yàn, jīntiān bèi yàn zhuó le yǎn

了[2]！"
le!"

正在生气，只听有人叫道："大圣不必烦恼，
Zhèngzài shēngqì, zhǐtīng yǒu rén jiào dào : "Dàshèng búbì fánnǎo,

吃过斋饭再说。"他们一看，是当地土地神来了。
chī guò zhāifàn zài shuō." Tāmen yí kàn, shì dāngdì Tǔdìshén lái le.

悟空问："那火是牛魔王放的吧？"土地摇摇头说：
Wùkōng wèn : "Nà huǒ shì Niúmówáng fàng de ba?" Tǔdì yáoyao tóu shuō :

"不是！"悟空说："难道是开天辟地时就有？"土
"Búshì!" Wùkōng shuō : "Nándào shì kāi tiān pì dì shí jiù yǒu?" Tǔ-

地说："不是！大圣不要怪罪小神，才敢说实话。"
dì shuō : "Búshì! Dàshèng búyào guàizuì xiǎo shén, cái gǎn shuō shíhuà."

悟空说："我不怪你，快说！"土地说："大圣五百
Wùkōng shuō : "Wǒ bú guài nǐ, kuài shuō!" Tǔdì shuō : "Dàshèng wǔbǎi

年前大闹天宫，蹬翻了老君的炼丹炉，那炉砖和余
nián qián dànào tiāngōng, dēngfān le Lǎojūn de liàndānlú, nà lúzhuān hé yú-

火落到这里，变成了这座山。"悟空听了叹道："我
huǒ luòdào zhèlǐ, biànchéng le zhè zuò shān." Wùkōng tīng le tàn dào : "Wǒ

这真是自作自受。"土地说："大圣不用着急，要灭
zhè zhēnshi zì zuò zì shòu." Tǔdì shuō : "Dàshèng búyòng zháojí, yào miè-

火，去借铁扇公主的芭蕉扇就行。"
huǒ, qù jiè Tiěshàngōngzhǔ de bājiāoshàn jiù xíng."

삼장법사는 황급히 말에 올라, 뒤쪽을 향하여 이십여 리를 걸어 겨우 멈춰 섰다. 오공은 부채를 내던지며 말했다. "매일같이 기러기 사냥을 하다가, 오늘 기러기에게 눈을 쪼인 꼴이군!"

마침 화가 나 있는데, 누군가 소리치는 것을 들었다. "제천대성님, 걱정하실 거 없습니다, 공양이나 드시고 다시 이야기하시지요." 그들이 살펴보니 그 곳 토지신이 온 것이었다. 오공이 물었다. "저 불은 우마왕이 놓은 것이냐?" 토지신은 고개를 저으며 말했다. "아닙니다!" 오공이 말했다. "설마 천지가 개벽할 때부터 있었단 말이냐?" 토지신이 말했다. "아닙니다! 대성님께서 소신을 책망하지 않으신다면, 그때 가서 사실을 솔직히 말씀드리겠습니다." 오공이 말했다. "내 너를 책망하지 않을 테니, 어서 말해 보거라!" 토지신이 말했다. "대성님께서는 오백 년 전에 천궁을 매우 소란스럽게 만드시면서, 태상노군께서 단약을 만드는 화로를 밟아 뒤집어 엎으셨는데, 그 화로의 벽돌과 타다 남은 불씨가 여기에 떨어져, 이 산이 된 것입니다." 오공은 이를 듣고 탄식하며 말했다. "내 이 일은 정말로 자업자득이로구나." 토지신이 말했다. "대성님 서두르지 마시고, 불을 끄려거든 가셔서 철선공주의 파초선만 빌리시면 됩니다."

2 **我天天打雁, 今天被雁啄了眼了** : 날마다 기러기 사냥을 하다가 기러기 주둥이에 눈을 쪼이다. '원숭이도 나무에서 떨어진다'와 같이, 실수한 자신의 어리석음에 대한 자조적 표현이다.

丢 diū 내던지다 ｜ **雁** yàn 기러기 ｜ **啄** zhuó 부리로 쪼다 ｜ **砖** zhuān 벽돌 ｜ **余火** yúhuǒ 타다 남은 불씨 ｜ **自作自受** zì zuò zì shòu 자업자득

悟空把丢在路边的扇子拾给他看，土地笑着说：
Wùkōng bǎ diūzài lùbiān de shànzi shígěi tā kàn, Tǔdì xiào zhe shuō :

"这扇子不是真的，你上当了。"悟空问他有什么好
"Zhè shànzi búshì zhēnde, nǐ shàngdàng le." Wùkōng wèn tā yǒu shénme hǎo-

法能借到真扇子，那土地说："要借真扇子，必须
fǎ néng jièdào zhēn shànzi, nà Tǔdì shuō : "Yào jiè zhēn shànzi, bìxū

去找牛魔王。他现在在积雷山摩云洞玉面公主家里
qù zhǎo Niúmówáng. Tā xiànzài zài Jīléishān Móyúndòng Yùmiàngōngzhǔ jiā li

做上门女婿。"
zuò shàngmén nǚxu."

悟空按照土地的指点，腾空去找牛魔王。不到
Wùkōng ànzhào Tǔdì de zhǐdiǎn, téngkōng qù zhǎo Niúmówáng. Bú dào

半个时辰，来到积雷山。他正找寻路径，忽见一个
bàn ge shíchen, láidào Jīléishān. Tā zhèng zhǎoxún lùjìng, hū jiàn yí ge

美貌女子迎面而来。悟空上前施礼问道："请问这
měimào nǚzǐ yíngmiàn ér lái. Wùkōng shàngqián shīlǐ wèndào : "Qǐngwèn, zhè-

里是不是积雷山？"那女子见悟空相貌丑陋，战战
lǐ shìbúshì Jīléishān?" Nà nǚzǐ jiàn Wùkōng xiāngmào chǒulòu, zhàn zhàn

兢兢地说："你是哪儿的妖怪，敢到这里来？"悟
jīng jīng de shuō : "Nǐ shì nǎr de yāoguài, gǎn dào zhèlǐ lái?" Wù-

空说："我是翠云山芭蕉洞铁扇公主派来请牛魔王
kōng shuō : "Wǒ shì Cuìyúnshān Bājiāodòng Tiěshàngōngzhǔ pàilái qǐng Niúmówáng

的。"
de."

　오공은 길가에 내버렸던 부채를 주워 그에게 보여주니, 토지신이 웃으며 말했다. "이 부채는 진짜가 아닙니다, 당신께서 속으셨군요." 오공은 그에게 진짜 부채를 빌릴 수 있는 무슨 좋은 방법이 있는지 묻자, 그 토지신이 말했다. "진짜 부채를 빌리시려면, 반드시 우마왕을 찾아가야 합니다. 그는 지금 적뇌산 마운동 옥면공주의 집에 데릴사위로 들어가 살고 있습니다."

　오공은 토지신이 가리켜준 대로, 공중으로 올라 우마왕을 찾아갔다. 한 시간도 못되어 적뇌산에 도착하였다. 그가 마침 길을 찾고 있는데, 홀연히 아리따운 모습의 여인 하나가 맞은편에서 걸어오는 것이 보였다. 오공은 앞으로 나가 예를 갖춰 인사를 하고 물었다. "말씀 좀 여쭙겠습니다. 이곳이 적뇌산인지요?" 그 여인은 오공의 외모가 험상궂고 추하게 생긴 것을 보고는, 두려워 벌벌 떨며 말했다. "당신은 어디 요괴인데, 감히 여기까지 오셨나요?" 오공이 말했다. "나는 취운산 파초동의 철선공주가 보내 우마왕을 모시러 온 사람입니다."

上当 shàngdàng 속다, 속임수에 걸리다　│　**腾空** téngkōng 공중으로(하늘로) 오르다　│　**战战兢兢** zhàn zhàn jīng jīng 전전긍긍하다 (두려워서 벌벌 떠는 모양)

谁知那女子一听便破口大骂："那贱人好不知
Shéi zhī nà nǚzǐ yì tīng biàn pò kǒu dà mà : "Nà jiànrén hǎobù zhī-

足，自牛魔王到我家，不知送了她多少珠宝金银，
zú, zì Niúmówáng dào wǒ jiā, bù zhī sòng le tā duōshǎo zhūbǎo jīnyín,

绫罗绸缎 ³，现在又来请他做什么？"
líng luó chóu duàn, Xiànzài yòu lái qǐng tā zuò shénme?"

悟空听了，知道她是玉面公主，故意举棒吓她：
Wùkōng tīng le, zhīdào tā shì Yùmiàngōngzhǔ, gùyì jǔ bàng xià tā :

"你这贱妇，缠住牛魔王不放，还骂我们公主。"玉
"Nǐ zhè jiànfù, chánzhu Niúmówáng bú fàng, hái mà wǒmen gōngzhǔ." Yù-

面公主吓得扭头就跑，悟空紧跟在她身后。穿过松
miàngōngzhǔ xià de niǔtóu jiù pǎo, Wùkōng jǐngēn zài tā shēnhòu. Chuānguò sōng-

林，就是摩云洞口。那女子进洞去，向牛魔王哭着
lín, jiùshì Móyúndòngkǒu. Nà nǚzǐ jìn dòng qù, xiàng Niúmówáng kū zhe

说："外面来了个毛脸雷公 ⁴嘴的和尚，说是铁扇公
shuō : "Wàimian lái le ge máoliǎn léigōng zuǐ de héshang, shuō shì Tiěshàngōng-

主派他来请大王的。我说了他两句，他就和我动武。"
zhǔ pài tā lái qǐng dàwáng de. Wǒ shuō le tā liǎng jù, tā jiù hé wǒ dòngwǔ."

牛魔王说："我家里连个孩童都没有，哪来的雷公
Niúmówáng shuō : "Wǒ jiāli lián ge háitóng dōu méiyǒu, nǎ lái de léigōng-

嘴男人？让我出去看看再说。"牛魔王提一条浑铁
zuǐ nánrén?" Ràng wǒ chūqù kànkan zài shuō." Niúmówáng tí yì tiáo húntiě-

棍出洞来，悟空上前施礼，把保唐僧取经，路过火
gùn chū dòng lái, Wùkōng shàngqián shīlǐ, bǎ bǎo Tángsēng qǔjīng, lùguò Huǒ-

焰山不能前进的事说了，请牛魔王去劝铁扇公主借
yànshān bùnéng qiánjìn de shì shuō le, qǐng Niúmówáng qù quàn Tiěshàngōngzhǔ jiè

芭蕉扇一用。
bājiāoshàn yí yòng.

그 여인이 이 말을 듣자마자 욕을 심하게 퍼부을 줄 누가 알았겠는가! "그 나쁜 년은 분수도 모르지. 우마왕이 우리 집에 온 뒤로, 그년한테 얼마나 많은 금은보석과 능라주단을 보내주었는지 알 수도 없는데, 지금 또 그이를 모셔가서 어쩌겠다는 거예요?"

오공이 이를 듣고, 그녀가 옥면공주임을 알고는, 일부러 여의봉을 들어 그녀를 놀라게 하였다. "네 이 고약한 여편네야, 우마왕께 찰싹 달라붙어 놓아주지 않으면서, 도리어 우리 공주님을 욕하다니." 옥면공주는 놀라서 몸을 돌려 달아났고, 오공은 그녀의 뒤를 바싹 붙어 뒤쫓았다. 소나무 숲을 가로질러 가니, 바로 마운동 어귀였다. 그 여인은 동굴 안으로 들어가, 우마왕에게 울며불며 말했다. "밖에 털북숭이 얼굴에 뇌공의 주둥이를 가진 중놈이 와서는, 철선공주가 자신을 보내 대왕을 모시러 왔다고 말을 합디다. 제가 그에게 두어 마디 했더니, 그놈이 곧장 제게 무력을 사용하지 뭐예요." 우마왕이 말했다. "우리 집에는 어린 사내아이놈조차 하나 없는데, 어디서 뇌공 주둥이를 한 사내놈이 왔다는 거요? 내가 나가서 좀 살펴보고 다시 말합시다." 우마왕이 혼철곤을 들고 동굴을 나오니, 오공이 앞으로 와서 예를 갖춰 인사를 했다. 그리고는 삼장법사를 보필하여 경전을 구하러 갔다가, 화염산을 지나가면서 앞으로 나아가지 못했던 일을 이야기하고, 우마왕에게 철선공주에게 가서 파초선을 좀 빌려 쓰게 해 주도록 설득해 달라고 부탁하였다.

3 **绫罗绸缎** : '绫'은 무늬가 있는 비단을, '罗'는 얇은 비단을 말하며, '绸'는 무늬 없이 짠 비단을, '缎'은 바탕이 곱고 광택이 있으며 두꺼운 비단을 말한다.

4 **雷公** : 천둥을 맡고 있는 신.

破口大骂 pò kǒu dà mà 심하게 욕을 퍼붓다 ┃ **知足** zhīzú 분수를 지켜 만족할 줄을 알다 ┃ **珠宝** zhūbǎo 진주 · 보석류의 장식물 ┃ **缠住** chánzhu 달라붙다, 감기다 ┃ **扭头** niǔtóu 머리(몸)를 돌리다 ┃ **紧跟** jǐngēn 바싹 뒤따르다

牛魔王听了大怒：“你这泼猴，以前坑了我儿，
Niúmówáng tīng le dànù : "Nǐ zhè pō hóu, yǐqián kēng le wǒ ér,

今天又欺侮我的妻妾，此仇不报，枉为英雄！”牛
jīntiān yòu qīwǔ wǒ de qīqiè, cǐ chǒu bu bào, wǎng wéi yīngxióng!" Niú-

魔王举起浑铁棍就打，悟空拿出金箍棒相迎，二人
mówáng jǔqǐ húntiěgùn jiù dǎ, Wùkōng náchū jīngūbàng xiāngyíng, èr rén

斗了十几回合。牛魔王自知敌不过悟空，正想败退
dòu le shí jǐ huíhé. Niúmówáng zì zhī dí bu guò Wùkōng, zhèng xiǎng bàituì

回洞，听见山峰上有人喊：“牛爷爷，我大王请你
huí dòng, tīngjiàn shānfēng shang yǒu rén hǎn : "Niú yéye, wǒ dàwáng qǐng nǐ

早些光临！”牛魔王听了，正好就坡下驴，用铁棒
zǎo xiē guānglín!" Niúmówáng tīng le, zhènghǎo jiù pō xià lú, yòng tiěbàng

支住金箍棒说：“猢狲，我不是怕你，有朋友请我
zhīzhù jīngūbàng shuō : "Húsūn, wǒ búshì pà nǐ, yǒu péngyou qǐng wǒ

去赴宴，你等我回来再见输赢。”说完，跨上辟水
qù fùyàn, nǐ děng wǒ huílái zài jiàn shūyíng." Shuōwán, kuàshàng Bìshuǐ-

金睛兽，半云半雾地往西北去了。
jīnjīngshòu, bàn yún bàn wù de wǎng xīběi qù le.

　　悟空担心他托词逃走，在后面紧追。不多时，
　　Wùkōng dānxīn tā tuōcí táozǒu, zài hòumian jǐnzhuī. Bùduōshí,

到了一座大山的深潭，牛魔王进潭去了。悟空见潭
dào le yí zuò dàshān de shēntán, Niúmówáng jìn tán qù le. Wùkōng jiàn tán-

边石头上刻着“乱石山碧波潭”六个大字，摇身一
biān shítou shang kè zhe "Luànshíshān Bìbōtán" liù ge dàzì, yáoshēn yí

变，变成一只螃蟹，“噗”地跳进潭里，沉到水底。
biàn, biànchéng yì zhī pángxiè, "pū" de tiàojìn tánli, chéndào shuǐdǐ.

우마왕은 이를 듣고 몹시 노했다. "네 이 밉살스런 원숭이놈아, 이전에 내 아들을 곤경에 빠뜨리더니, 오늘 또 내 아내와 첩을 모욕하다니, 이 원수를 갚지 못한다면 영웅이 되어도 헛되도다!" 우마왕은 혼철곤을 들어 내리치고, 오공도 여의봉을 꺼내어 맞서 싸우니, 두 사람은 십수 합을 싸웠다. 우마왕은 오공을 이길 수 없다는 것을 알고 막 물러나 동굴로 돌아가려던 차에, 누군가 산봉우리에서 외치는 소리를 들었다. "우마왕 어른, 저희 대왕께서 어른께 빨리 왕림해 주십사 청하십니다!" 우마왕은 이를 듣고 때마침 언덕 아래 나귀가 있는 격이라, 혼철곤으로 여의봉을 막으며 말했다. "원숭이놈아, 내가 네놈을 두려워하는 것이 아니라, 친구가 나를 초대해서 연회에 참석하러 가 봐야겠으니, 너는 내가 돌아오기를 기다렸다가 다시 승부를 가리자꾸나." 말을 마치고, 벽수금정수에 올라타고는 구름인 듯 안개인 듯 서북쪽을 향해 가버렸다.

오공은 그가 구실을 붙여 도망칠까 걱정되어, 뒤쪽에서 바짝 붙어 쫓아갔다. 얼마 되지 않아, 큰 산의 깊은 못에 이르러, 우마왕은 연못 속으로 들어가 버렸다. 오공은 연못가의 돌 위에 크게 '난석산 벽파담'이라는 여섯개의 큰 글자가 새겨져 있는 것을 보고, 몸을 흔들어 게 한 마리로 둔갑하고는, "푸" 하며 연못 속으로 뛰어들어, 연못 밑바닥까지 가라앉았다.

坑 kēng 곤경에 빠뜨리다 ｜ 欺侮 qīwǔ 모욕하다, 우롱하다 ｜ 妻妾 qīqiè 부인과 첩 ｜ 枉 wǎng 헛되이, 쓸데없이 ｜ 敌不过 dí bú guò 대적할 수 없다, 당해낼 수 없다 ｜ 坡 pō 언덕 ｜ 驴 lü (당)나귀 ｜ 支 zhī 지탱하다, 견디다 ｜ 赴宴 fùyàn 연회에 참석하다 ｜ 输赢 shūyíng 승패, 승부 ｜ 托词 tuōcí 구실을 붙이다, 핑계 삼다 ｜ 潭 tán 연못 ｜ 螃蟹 pángxiè 게 ｜ 噗 pū 푸, 후, 훅 (액체나 기체를 내뿜는 소리) ｜ 沉 chén 가라앉다, 잠기다

左拐右拐，游到一座牌楼[5]前，见辟水金睛兽就
Zuǒ guǎi yòu guǎi, yóudào yí zuò páilou qián, jiàn Bìshuǐjīnjīngshòu jiù

拴在这儿。
shuānzài zhèr.

悟空等了半晌，不见牛魔王出来，寻思：等牛
Wùkōng děng le bànshǎng, bú jiàn Niúmówáng chūlái, xúnsī : Děng Niú-

魔王出来，他也不一定跟我去芭蕉洞，不如偷了他
mówáng chūlái, tā yě bù yídìng gēn wǒ qù Bājiāodòng, bùrú tōu le tā

的金睛兽，去骗那铁扇公主的扇子。他拿定主意，
de Jīnjīngshòu, qù piàn nà Tiěshàngōngzhǔ de shànzi. Tā nádìng zhǔyi,

立刻变成牛魔王的模样，骑上金睛兽，直奔芭蕉洞
lìkè biànchéng Niúmówáng de múyàng, qíshàng Jīnjīngshòu, zhíbèn Bājiāodòng

而来。到了芭蕉洞，女童见是牛魔王回来，赶紧进
ér lái. Dào le Bājiāodòng, nǔtóng jiàn shì Niúmówáng huílái, gǎnjǐn jìn-

去向公主报告。铁扇公主把假牛魔王迎到房里，两
qù xiàng gōngzhǔ bàogào. Tiěshàngōngzhǔ bǎ jiǎ Niúmówáng yíngdào fángli, liǎng

人坐定，叙了几句家常话，悟空说："听说孙悟空
rén zuòdìng, xù le jǐ jù jiāchánghuà, Wùkōng shuō : "Tīngshuō Sūn Wùkōng

那猴头保唐僧取经，快到火焰山地界，他可能来向
nà hóutóu bǎo Tángsēng qǔjīng, kuài dào Huǒyànshān dìjiè, tā kěnéng lái xiàng

你借扇子。我恨那猴头害了咱儿子，你千万别借给
nǐ jiè shànzi. Wǒ hèn nà hóutóu hài le zán érzi, nǐ qiānwàn bié jiègěi

他。"公主便把悟空钻进她肚里，她用假扇哄骗的
tā." Gōngzhǔ biàn bǎ Wùkōng zuānjìn tā dùli, tā yòng jiǎ shàn hǒngpiàn de

事说了一遍。悟空假装关心地说："那真扇子要藏
shì shuō le yí biàn. Wùkōng jiǎzhuāng guānxīn de shuō : "Nà zhēn shànzi yào cáng

好，小心被猢狲偷了去。"
hǎo, xiǎoxīn bèi húsūn tōu le qù."

　　왼쪽으로 돌고 오른쪽으로 돌고 굽이굽이 한 누각 앞까지 헤엄쳐 오니, 벽수금 정수가 이곳에 묶여 있는 것이 보였다.

　　오공은 한참 동안을 기다렸지만, 우마왕이 나올 기미가 보이지 않자, 곰곰이 생각했다. 우마왕이 나오기를 기다린다고 해서, 그가 반드시 나와 함께 파초동에 가는 것도 아닐 테니, 차라리 그의 벽수금정수를 훔쳐서 철선공주의 부채를 속여 빼앗는 편이 좋을 것 같았다. 그는 마음을 정하고, 즉시 우마왕의 모습으로 둔갑하여 벽수금정수를 타고 곧장 파초동으로 달려왔다. 파초동에 이르자, 여자 아이가 우마왕이 돌아온 것을 보고, 황급히 들어가 공주에게 보고하였다. 철선공주는 가짜 우마왕을 방안까지 맞이하였고, 두 사람은 자리에 앉아 몇 마디 일상적인 이야기를 나누다가, 오공이 말했다. "듣기로 손오공 그 원숭이놈이 삼장법사를 보필하여 경전을 구하러 가는데, 곧 화염산 관내로 도착한다고 합디다. 그놈은 아마도 당신에게 와서 부채를 빌리려 할 것이오. 내 그 원숭이놈이 우리 아들놈을 다치게 한 것을 증오하고 있는데, 당신 절대로 그놈에게 부채를 빌려주지 마시오." 공주는 곧 오공이 그녀의 뱃속으로 뚫고 들어가고, 자신이 가짜 부채를 이용하여 속였던 일을 처음부터 끝까지 이야기하였다. 오공은 짐짓 관심 있는 척하며 말했다. "그 진짜 부채는 잘 숨겨놓아, 원숭이놈이 훔쳐가지 않도록 조심해야 하오."

5 牌楼 : 옛날, 차양이 있고 둘 또는 네 개의 기둥을 세우고 문짝이 없는 장식용의 건축물. 마을 어귀나 골목 앞에 세워져 효자 또는 절부와 같이 남의 모범이 될 만한 행위나 공로가 있는 사람을 표창하고 기념하는 패방(牌坊)과 유사하며, 지역 또는 거리의 이름을 적어놓기도 하였다.

拴 shuān 묶다 ｜ 半晌 bànshǎng 한참동안, 한나절 ｜ 寻思 xúnsī 곰곰이 생각하다 ｜ 叙 xù 이야기하다 ｜ 家常话 jiāchánghuà 일상적인 이야기 ｜ 地界 dìjiè 관내, 경계 ｜ 哄骗 hǒngpiàn 속이다 ｜ 假装 jiǎzhuāng 가장하다, 짐짓 ～체하다

公主从嘴里吐出一个杏叶子大小的扇子，笑嘻
Gōngzhǔ cóng zuǐli tǔchū yí ge xìngyèzi dàxiǎo de shànzi, xiàoxī-

嘻地递给孙悟空说："宝贝不是在这儿！"悟空接
xī de dìgěi Sūn Wùkōng shuō : "Bǎobèi búshì zài zhèr!" Wùkōng jiē-

在手里，只怕又是假的，问道："这么小的玩意儿，
zài shǒuli, zhǐpà yòu shì jiǎ de, wèndào : "Zhème xiǎo de wányìr,

怎么能扇灭八百里火焰？"公主娇嗔地说："你怎
zěnme néng shānmiè bābǎi lǐ huǒyàn?" Gōngzhǔ jiāochēn de shuō : "Nǐ zěn-

么昏了头，连自家宝贝的秘密都忘了？只要将左手
me hūn le tóu, lián zì jiā bǎibèi de mìmì dōu wàng le? Zhǐyào jiāng zuǒshǒu

大拇指捏着那柄上第七缕红丝，念一声嘘呵吸嘻吹
dàmǔzhǐ niē zhe nà bǐng shang dì qī lǚ hóngsī, niàn yì shēng xūhēxīxīchuī-

呼，即长到一丈二尺长，八百里火焰，一扇就灭。"
hū, jí zhǎngdào yí zhàng èr chǐ cháng, bābǎi lǐ huǒyàn, yì shān jiù miè."

공주는 입 속에서 살구 잎사귀만 한 부채 하나를 뱉어내어, 깔깔거리며 손오공
에게 건네주며 말했다. "보배는 여기 있잖아요!" 오공은 손으로 건네받았지만, 또
가짜일까 걱정이 되어 물었다. "이렇게 자그마한 물건으로 어떻게 팔백 리 불길을
끌 수 있겠소?" 공주는 뾰로통하여 말했다. "당신 어떻게 정신이 나간 거 아니예
요? 자기 집 보물의 비밀조차 모두 잊어버리시다니요? 왼쪽 엄지손가락으로 부채
자루 위에 있는 일곱 번째 붉은 실을 쥐며, '허가흡희취호' 하고 주문을 외면, 바
로 한 장 두 척 길이로 길어져, 팔백 리 불길도 부채질 한 번이면 꺼지잖아요."

杏叶子 xìngyèzi 살구 잎　│　玩意儿 wányìr 물건, 사물 ('하찮다'는 어감이 포함됨)　│　姣嗔 jiāochēn (젊
은 여자가) 뾰로통하다　│　昏头 hūn tóu 머리가 멍하다, 어리벙벙하다　│　大拇指 dàmǔzhǐ 엄지손가락
│　捏 niē 손가락으로 집다(쥐다)　│　柄 bǐng 자루　│　缕 lǚ 가닥, 줄기

悟空将咒语牢牢记在心上，把扇子含在嘴里，
Wùkōng jiāng zhòuyǔ láoláo jìzài xīnshang, bǎ shànzi hánzài zuǐli,

现出本相，厉声叫道："你看看我是谁？"公主一
xiànchū běnxiàng, lìshēng jiào dào : "Nǐ kànkan wǒ shì shéi?" Gōngzhǔ yí

看是悟空，慌得跌倒在地上，骂道："挨千刀的猴头，
kàn shì Wùkōng, huāng de diēdǎo zài dìshang, mà dào : "Ái qiān dāo de hóutóu,

气死老娘了！"悟空也不还口，只说："谢谢嫂嫂！"
qìsǐ lǎoniáng le!" Wùkōng yě bù huánkǒu, zhǐ shuō : "Xièxie sǎosao!"

转身就不见了。悟空一纵身，跳上高空。他想试试
Zhuǎnshēn jiù bú jiàn le. Wùkōng yí zòngshēn, tiàoshàng gāokōng. Tā xiǎng shìshi

扇子的咒语，把扇子吐出来，用左手大拇指捏住那
shànzi de zhòuyǔ, bǎ shànzi tǔ chūlái, yòng zuǒshǒu dàmǔzhǐ niēzhù nà

柄上第七缕红丝，念了一声咒语，果然长到一丈二
bǐng shang dì qī lǚ hóng sī, niàn le yì shēng zhòuyǔ, guǒrán zhǎngdào yí zhàng èr

尺长短。他把扇子拿在手中，观赏了一会儿，只是
chǐ chángduǎn. Tā bǎ shànzi názài shǒuzhōng, guānshǎng le yíhuìr, zhǐshì

再想把它变小却不能了。原来悟空性急，只听见公
zài xiǎng bǎ tā biàn xiǎo què bùnéng le. Yuánlái Wùkōng xìngjí, zhǐ tīngjiàn gōng-

主告诉他变大的咒语，没来得及学会如何变小。悟
zhǔ gàosu tā biàn dà de zhòuyǔ, méi láidejí xuéhuì rúhé biàn xiǎo. Wù-

空只好扛着大扇子，往火焰山而去。
kōng zhǐhǎo káng zhe dà shànzi, wǎng Huǒyànshān ér qù.

再说那牛魔王在碧波潭散席出来，不见辟水金
Zàishuō nà Niúmówáng zài Bìbōtán sàn xí chūlái, bú jiàn Bìshuǐjīn-

睛兽，猛然醒悟：定是那猴头偷了去，变成自己的
jīngshòu, měngrán xǐngwù : Dìngshì nà hóutóu tōu le qù, biànchéng zìjǐ de

模样，去骗芭蕉扇。
múyàng, qù piàn bājiāoshàn.

　　오공은 주문을 확실히 마음속으로 기억하고는, 부채를 입안에 물고 본래 모습을 드러내며 엄한 목소리로 소리쳤다. "네가 보기엔 내가 누구냐?" 공주는 손오공인 것을 보고는, 당황하여 땅바닥에 넘어지며 욕을 하였다. "갈기갈기 찢어 죽일 원숭이 놈, 분해 죽겠네!" 오공 역시 말대꾸하지 않고 다만 "감사합니다, 형수님!" 하고 말하고는, 몸을 돌리니 보이지 않았다. 오공은 몸을 솟구쳐 훌쩍 하늘로 뛰어올랐다. 그는 부채의 주문을 시험해 보려고 부채를 뱉어내어, 왼쪽 엄지손가락으로 그 부채 자루 위의 일곱 번째 붉은 실을 쥐며, 주문을 한 번 외우자 과연 한 장 두 척 길이로 커졌다. 그는 부채를 손에 들고 잠시 보면서 즐기고는, 다시 그것을 작게 하려고 하니 되지 않았다. 원래 오공은 성질이 조급하여, 공주가 그에게 크게 변하게 하는 주문을 알려주는 것만 듣고, 어떻게 작게 하는지는 배울 여유가 없었다. 오공은 하는 수 없이 큰 부채를 어깨에 메고, 화염산을 향해 갔다.

　　한편 그 우마왕은 벽파담에서 연회를 마치고 나와 벽수금정수가 보이지 않자, 문득 그 원숭이놈이 훔쳐 가 자신의 모습으로 둔갑해서는, 가서 파초선을 속여 빼앗은 것이 분명하다는 것을 깨달았다.

牢牢 láoláo 확실히, 뚜렷이　│　还口 huánkǒu 말대답하다, 말대꾸하다　│　来得及 láidejí 늦지 않다　│
猛然 měngrán 뜻밖에, 갑자기　│　醒悟 xǐngwù 깨닫다, 각성하다

他急忙驾云来到芭蕉洞，问清铁扇公主事情的
Tā jímáng jià yún láidào Bājiāodòng, wènqīng Tiěshàngōngzhǔ shìqing de

经过，向公主要了两口宝剑，出了芭蕉洞，直奔火
jīngguò, xiàng gōngzhǔ yào le liǎng kǒu bǎojiàn, chū le Bājiāodòng, zhíbèn Huǒ-

焰山。半路上，远远见悟空扛着那把大扇子在前面
yànshān. Bànlùshang, yuǎnyuǎn jiàn Wùkōng káng zhe nà bǎ dà shànzi zài qiánmian

走，心想："我要是当面向他要扇子，他不肯给，
zǒu, xīn xiǎng : "Wǒ yàoshi dāngmiàn xiàng tā yào shànzi, tā bùkěn gěi,

我又斗不过他，不如我也去骗那猴头。"
wǒ yòu dòu bu guò tā, bùrú wǒ yě qù piàn nà hóutóu."

于是摇身一变，变成猪八戒，迎着悟空走来。
Yúshì yáoshēn yí biàn, biànchéng Zhū Bājiè, yíng zhe Wùkōng zǒu lái.

"师兄，师父怕你斗不过牛王，叫老猪来助你。"悟
"Shīxiōng, shīfu pà nǐ dòu bu guò Niúwáng, jiào Lǎo Zhū lái zhù nǐ." Wù-

空骗到芭蕉扇，正美滋滋的，见了假八戒也没有
kōng piàndào bājiāoshàn, zhèng měizīzī de, jiàn le jiǎ Bājiè yě méiyǒu

仔细观察，笑眯眯地说："师弟不必费心，我略施
zǐxì guānchá, xiàomīmī de shuō : "Shīdì búbì fèixīn, wǒ lüè shī

小计就得了手。"牛王说："哥哥辛苦了，我替你扛
xiǎojì jiù dé le shǒu." Niúwáng shuō : "Gēge xīnkǔ le, wǒ tì nǐ káng

着扇子吧！"悟空正扛得肩膀酸痛，把扇子递给
zhe shànzi ba!" Wùkōng zhèng káng de jiānbǎng suāntòng, bǎ shànzi dìgěi

了他。牛王得了扇子，不知念了什么咒语，扇子变
le tā. Niúwáng dé le shànzi, bù zhī niàn le shénme zhòuyǔ, shànzi biàn

小了，随手放进口中，现了原形说："大胆猴头，认
xiǎo le, suíshǒu fàngjìn kǒuzhōng, xiàn le yuánxíng shuō : "Dàdǎn hóutóu, rèn-

得我吗？"
de wǒ ma?"

그는 황급히 구름을 몰고 파초동으로 와서, 철선공주에게 사건의 과정을 분명히 묻고는, 공주에게 보검 두 자루를 달라고 하여 파초동을 나와 곧장 화염산으로 달려갔다. 도중에 저 멀리 오공이 그 큰 부채를 메고 앞에 가고 있는 것을 보고는, 마음속으로 생각하였다. '내가 직접 맞대고 그에게 부채를 내놓으라고 하면, 그가 내줄 리가 없지, 나는 또 그와 싸워 이길 수 없으니, 나도 가서 저 원숭이놈을 속이는 것이 좋겠어.'

그리하여 몸을 한번 흔들어 저팔계로 둔갑하고는, 오공을 향하여 걸어갔다. "사형, 사부님께서 형님이 우마왕을 당해내지 못할까 걱정하셔서, 저보고 가서 형님을 도우라고 하셨어요." 오공은 파초선을 속여 빼앗은 것에 한창 득의양양한 터라, 가짜 저팔계를 보고도 자세히 관찰하지 않고 빙그레 웃으며 말했다. "아우야, 걱정할 것 없어, 내가 대충 작은 꾀를 내어 손에 넣었어." 우왕이 말했다. "형님 수고하셨소, 내가 대신 부채를 메겠소!" 오공은 마침 부채를 메고 오느라 어깨가 시큰시큰 쑤시던 차라, 부채를 그에게 넘겨주었다. 우왕은 부채를 얻고는, 무슨 주문을 외웠는지 모르겠지만, 부채가 작아졌다. 그는 즉시 입안에 넣고는 본래 모습을 드러내고 말했다. "이 간 큰 원숭이놈아, 나를 알아보겠느냐?"

当面 dāngmiàn 직접 맞대다 ｜ 美滋滋 měizīzī 득의한 모양, 기뻐하는 모양 ｜ 观察 guānchá 관찰하다 ｜ 笑眯眯 xiàomīmī 빙그레 웃는 모양 ｜ 费心 fèixīn 걱정하다, 신경쓰다 ｜ 略 lüè 대충, 약간 ｜ 施 shī 시행하다, 실시하다 ｜ 小计 xiǎojì 소계, 작은 꾀 ｜ 肩膀 jiānbǎng 어깨 ｜ 酸痛 suāntòng 시큰시큰 쑤시고 아프다 ｜ 随手 suíshǒu 즉시 하다

悟空后悔死了："我怎么就高兴得昏了头，被
Wùkōng hòuhuǐ sǐ le : "Wǒ zěnme jiù gāoxìng de hūn le tóu, bèi

老牛钻了空子！"他举起金箍棒就打，牛王抡起双
Lǎo Niú zuān le kòngzi!" Tā jǔqǐ jīngūbàng jiù dǎ, Niúwáng lūnqǐ shuāng

剑抵挡，只打得尘土飞扬，天昏地暗。
jiàn dǐdǎng, zhǐ dǎ de chén tǔ fēi yáng, tiān hūn dì àn.

两人斗了八九十回合，忽听得有人叫道："师兄，
Liǎng rén dòu le bājiǔshí huíhé, hū tīng de yǒu rén jiào dào : "Shīxiōng,

我来了！"悟空一看，来的是八戒，骂道："你这呆子，
wǒ lái le!" Wùkōng yí kàn, lái de shì Bājiè, mà dào : "Nǐ zhè dāizi,

误了我的大事！"八戒不知道是怎么回事，悟空边
wù le wǒ de dàshì!" Bājiè bù zhīdào shì zěnme huí shì, Wùkōng biān

打边把牛王冒充他的事情告诉他。八戒大怒，举钉
dǎ biān bǎ Niúwáng màochōng tā de shìqing gàosu tā. Bājiè dànù, jǔ dīng-

耙朝牛王劈头盖脸地乱打。牛王体力不支，向积雷
pá cháo Niúwáng pī tóu gài liǎn de luàn dǎ. Niúwáng tǐlì bù zhī, xiàng Jīléi-

山方向败退。玉面公主带领大小妖精前来助战，将
shān fāngxiàng bàituì. Yùmiàngōngzhǔ dàilǐng dàxiǎo yāojing qiánlái zhù zhàn, jiāng

牛王迎进洞里。
Niúwáng yíng jìn dòngli.

牛王钻进摩云洞里再不肯出来，悟空和八戒也
Niúwáng zuānjìn Móyúndòng li zài bùkěn chūlái, Wùkōng hé Bājiè yě

急了，用铁棒和钉耙把洞门打个粉碎。牛王被迫出
jí le, yòng tiěbàng hé dīngpá bǎ dòngmén dǎ ge fěnsuì. Niúwáng bèipò chū-

来应战，三人在摩云洞前又斗了百十回合。最后，
lái yìngzhàn, sān rén zài Móyúndòng qián yòu dòu le bǎishí huíhé. Zuìhòu,

牛王招架不住，仓皇逃走，悟空和八戒紧紧追赶。
Niúwáng zhāojià bu zhù, cānghuáng táozǒu, Wùkōng hé Bājiè jǐnjǐn zhuīgǎn.

오공은 후회막급 하여 죽을 지경이었다. "내 어찌 기쁘다고 정신이 나가 우마왕에게 빈틈을 보였을꼬!" 그는 여의봉을 들어 내리쳤고, 우마왕은 쌍검을 휘둘러 막아내며, 흙먼지가 일도록 싸워 온 하늘과 땅이 캄캄해졌다.

두 사람은 팔구십 합을 싸웠는데, 돌연 누군가가 외치는 소리가 들렸다. "사형, 내가 왔소!" 오공은 온 사람이 팔계인 것을 보고는 욕을 하였다. "이 멍청한 놈, 나의 큰일을 그르쳐 놓았어!" 팔계는 어찌된 일인지 몰랐고, 오공은 싸우면서 우마왕이 팔계를 사칭했던 일을 그에게 말해 주었다. 팔계는 크게 화를 내며, 쇠스랑을 들어 우마왕을 향해 면전에 대고 마구 내리쳤다. 우마왕은 체력이 달려, 적뇌산 쪽으로 패하여 도망갔다. 옥면공주는 어른, 아이 요괴들을 이끌고 와서 싸움을 도와, 우마왕이 동굴 안으로 들어가도록 하였다.

우마왕은 마운동 안으로 들어가 다시는 나오려 하지 않았고, 오공과 팔계도 조급해져서 여의봉과 쇠스랑으로 동굴 문을 부수어 산산조각 냈다. 우마왕은 억지로 나와 맞서 싸웠고, 세 사람은 마운동 앞에서 다시 백여 합을 싸웠다. 결국, 우마왕은 당해내지 못하고 황급히 도망쳤고, 오공과 팔계가 바짝 쫓아갔다.

后悔 hòuhuǐ 후회하다 │ **尘土飞扬** chén tǔ fēi yáng 흙먼지가 일다 │ **误** wù 그르치다, 방해하다 │ **冒充** màochōng 사칭하다, 가장하다 │ **劈头盖脸** pī tóu gài liǎn 정면으로, 면전에 대고 │ **打个粉碎** dǎ ge fěnsuì 산산조각 내다 │ **被迫** bèipò 할 수 없이 ~하다 │ **百十** bǎishí 약 100정도 │ **仓皇** cānghuáng 매우 급하다, 황급하다

牛魔卸了盔甲，丢了铁棍，摇身一变，变成一
Niúmó xiè le kuījiǎ, diū le tiěgùn, yáoshēn yí biàn, biànchéng yì

只天鹅飞上天空。悟空收了金箍棒，摇身一变，变
zhī tiān'é fēishàng tiānkōng. Wùkōng shōu le jīngūbàng, yáoshēn yí biàn, biàn-

成一个海东青，嗖的一声钻进云里，倒飞下来，抓
chéng yí ge hǎidōngqīng, sōu de yì shēng zuānjìn yúnli, dào fēi xiàlái, zhuā-

住天鹅的脖子就啄。牛王又慌忙变成一只鹰，来啄
zhù tiān'é de bózi jiù zhuó. Niúwáng yòu huāngmáng biànchéng yì zhī yīng, lái zhuó

海东青。悟空又变成一个乌凤，专抓黄鹰。牛王左
hǎidōngqīng. Wùkōng yòu biànchéng yí ge wūfèng, zhuān zhuā huángyīng. Niúwáng zuǒ

变右变，总变不过悟空，最后现了原形，是一只大
biàn yòu biàn, zǒng biàn bu guò Wùkōng, zuìhòu xiàn le yuánxíng, shì yì zhī dà

白牛，头有山包那么大，犄角像两座铁塔，从头到
báiniú, tóu yǒu shānbāo nàme dà, jījiǎo xiàng liǎng zuò tiětǎ, cóng tóu dào

尾足有一千多丈。
wěi zú yǒu yìqiān duō zhàng.

悟空把腰一躬，喝声"长！"长得身高万丈，
Wùkōng bǎ yāo yì gōng, hè shēng "zhǎng!" zhǎng de shēngāo wàn zhàng,

头如泰山，眼像日月，口似池塘。那牛王硬着头皮，
tóu rú Tàishān, yǎn xiàng rìyuè, kǒu sì chítáng. Nà Niúwáng yìng zhe tóupí,

用牛角来抵，悟空举棒相迎，直打得地动山摇。二
yòng niújiǎo lái dǐ, Wùkōng jǔ bàng xiāngyíng, zhí dǎ de dì dòng shān yáo. Èr

人在半空中打斗多时，牛王就地一滚，恢复了原形，
rén zài bànkōng zhōng dǎdòu duōshí, Niúwáng jiùdì yì gǔn, huīfù le yuánxíng,

向芭蕉洞逃去。
xiàng Bājiāodòng táoqù.

우마왕은 투구와 갑옷을 벗고, 혼철곤을 내버리고, 몸을 흔들어 백조로 둔갑해서는 하늘로 날아갔다. 오공은 여의봉을 거두고, 몸을 흔들어 송골매로 둔갑하여, '씽' 하는 소리를 내며 구름 속을 뚫고 들어가, 거꾸로 날아 내려와서는 백조의 목을 잡고 쪼아댔다. 우마왕은 또 황급히 매로 둔갑하여 와서는 송골매를 쪼았다. 오공은 다시 까만 봉황으로 둔갑하여, 참매를 잡는 데 몰두하였다. 우마왕은 이리저리 변하여도 오공의 둔갑을 이겨내지 못하자, 마지막에는 본래 모습을 드러내니, 커다란 흰 소로, 머리는 작은 산만큼 크고 뿔은 두 채의 철탑 같고, 머리부터 꼬리까지 족히 천여 길이나 되었다.

오공은 허리를 한 번 구부리며 "자라나라!" 하고 외치니, 키는 만 길이나 되게 커졌고, 머리는 태산 같고 눈은 해와 달 같았으며 입은 연못 같았다. 우마왕은 할 수 없이 소뿔로 와서 막았고, 오공은 여의봉을 들어 맞서 싸우니, 산과 땅이 흔들리도록 싸웠다. 두 사람은 공중에서 오랜 시간 싸웠고, 우마왕은 그 자리에서 한 번 뒹굴더니, 본래 모습으로 돌아와 파초동으로 도망갔다.

卸 xiè 벗다 ┃ 天鹅 tiān'é 백조류의 통칭 ┃ 海东青 hǎidōngqīng 송골매 ┃ 凤 fèng 봉황 ┃ 专 zhuān 몰두하다, 전념하다 ┃ 黄鹰 huángyīng 참매 ┃ 山包 shānbāo 작은 산 ┃ 犄角 jījiǎo (짐승의) 뿔 ┃ 躬 gōng (몸을) 구부리다 ┃ 池塘 chítáng (비교적 작고 얕은) 못

悟空正在攻打洞门，八戒前来助战，他举起钉
Wùkōng zhèngzài gōngdǎ dòngmén, Bājiè qiánlái zhù zhàn, tā jǔqǐ dīng-

耙朝洞门一筑，把那山崖连石门筑倒了一片。牛王
pá cháo dòngmén yí zhù, bǎ nà shānyá lián shímén zhùdǎo le yí piàn. Niúwáng

正在洞中和铁扇公主商量对策，听见洞门被打破，
zhèngzài dòngzhōng hé Tiěshàngōngzhǔ shāngliáng duìcè, tīngjiàn dòngmén bèi dǎpò,

火冒三丈，拿起宝剑就去厮杀。他们正打得热闹，
huǒmào sān zhàng, náqǐ bǎojiàn jiù qù sīshā. Tāmen zhèng dǎ de rènao,

恰好哪吒太子从这里经过，迎头拦住牛王，"老牛
qiàhǎo Nézhātàizǐ cóng zhèlǐ jīngguò, yíngtóu lánzhù Niúwáng, "Lǎo Niú

哪里走，还不快把扇子借给悟空！"
nǎli zǒu, hái bú kuài bǎ shànzi jiègěi Wùkōng!"

牛王看见哪吒，转身变成大白牛，用两只角抵
Niúwáng kànjiàn Nézhā, zhuǎnshēn biànchéng dà báiniú, yòng liǎng zhī jiǎo dǐ

哪吒。哪吒飞身跳到牛背上，取出火轮⁶挂在老牛
Nézhā. Nézhā fēishēn tiàodào niú bèishang, qǔchū huǒlún guàzài Lǎo Niú

角上，吹起真火，把牛王烧得乱叫，连说"饶命"。
jiǎo shang, chuīqǐ zhēn huǒ, bǎ Niúwáng shāo de luàn jiào, lián shuō "ráomìng".

哪吒说："要想饶命，快拿扇子来！"牛王说："扇
Nézhā shuō : "Yào xiǎng ráomìng, kuài ná shànzi lái!" Niúwáng shuō : "Shàn

子在我夫人手里。"哪吒把缚妖绳索解下，穿在牛
zi zài wǒ fūrén shǒuli." Nézhā bǎ fù yāo shéngsuǒ jiěxià, chuānzài niú

鼻孔里，牵着大白牛来见悟空、八戒。悟空谢了哪
bíkǒng li, qiān zhe dà báiniú lái jiàn Wùkōng、Bājiè. Wùkōng xiè le Né-

吒，三个人牵着牛来到芭蕉洞。老牛在洞口喊："夫
zhā, sān ge rén qiān zhe niú láidào Bājiāodòng. Lǎo Niú zài dòngkǒu hǎn : "Fū-

人，快拿扇子出来，救我性命！"
rén, kuài ná shànzi chūlái, jiù wǒ xìngmìng!"

오공이 막 동굴 문을 공격하고 있는데, 팔계가 싸움을 도우러 와서, 쇠스랑을 들어 동굴 문을 내리치니, 돌문은 물론 그 산벼랑까지 무너져 내렸다. 우마왕은 마침 동굴 안에서 철선공주와 대책을 상의하고 있다가, 동굴 문이 때려 부서지는 소리를 듣고, 화가 머리끝까지 치밀어 보검을 들고 나가서 싸웠다. 그들이 막 요란하게 싸우고 있을 때, 때마침 나타태자가 이곳을 지나다가, 정면에서 우마왕을 막았다. "우마왕은 어딜 가오? 아직도 빨리 부채를 오공에게 빌려주지 않고서!"

우마왕은 나타를 보자, 몸을 돌려 커다란 흰 소로 변하여 두 뿔을 이용하여 나타를 막았다. 나타는 몸을 날려 소의 등 위로 뛰어올라, 화륜을 꺼내어 우마왕의 뿔에 걸고 진짜 불을 불어넣어, 우마왕을 불에 태워 미친 듯이 소리치며 연신 "살려주세요."라고 말하게 했다. 나타가 말했다. "목숨을 건지고 싶거든, 얼른 부채를 내놓아라!" 우마왕이 말했다. "부채는 제 마누라 손에 있습니다." 나타는 요괴를 묶는 밧줄을 풀어 소의 콧구멍에 꿰어서, 큰 흰 소를 끌고 오공과 팔계를 만나러 왔다. 오공은 나타에게 감사를 표하고, 세 사람은 소를 끌고 파초동으로 왔다. 우마왕이 동굴 입구에서 외쳤다. "부인, 얼른 부채를 꺼내 내 목숨을 구해 주시오!"

6 **火轮**: 태양. 여기서는 불씨를 담은 바퀴처럼 둥근 모양의 물건을 말한다.

攻打 gōngdǎ 공격하다 ｜ **火冒** huǒmào 벌컥 화를 내다 ｜ **恰好** qiàhǎo 마침, 바로 ｜ **迎头** yíngtóu 정면, 맞은편 ｜ **饶命** ráomìng 목숨을 살려주다 ｜ **缚** fù 묶다

公主听了，慌忙捧着扇子出来，见了众人，跪
Gōngzhǔ tīng le, huāngmáng pěng zhe shànzi chūlái, jiàn le zhòngrén, guì-

下磕头说："望大圣、太子饶我夫妻一命，情愿奉
xià kētóu shuō: "Wàng dàshèng、tàizǐ ráo wǒ fūqī yí mìng, qíngyuàn fèng-

献宝扇，让孙叔叔灭火西行。"悟空接了宝扇，命
xiàn bǎoshàn, ràng Sūn shūshu mièhuǒ xī xíng." Wùkōng jiē le bǎoshàn, mìng

本山土地看押了公主，等候处理，然后和哪吒、八
běnshān Tǔdì kānyā le gōngzhǔ, děnghòu chǔlǐ, ránhòu hé Nézhā、Bā-

戒，牵了牛魔王，驾云回到东麓，见了唐僧、沙僧，
jiè, qiān le Niúmówáng, jià yún húidào dōng lù, jiàn le Tángsēng、Shāsēng,

把借扇的经过叙说一遍。唐僧施礼感谢哪吒的帮助。
bǎ jiè shàn de jīngguò xùshuō yí biàn. Tángsēng shīlǐ gǎnxiè Nézhā de bāngzhù.

悟空拿着扇子来到火焰山边，尽力挥了一扇，
Wùkōng ná zhe shànzi láidào Huǒyànshān biān, jìnlì huī le yí shàn,

那火焰顿时熄灭。悟空又是一扇，清风微动，天气
nà huǒyàn dùnshí xīmiè. Wùkōng yòu shì yì shān, qīngfēng wēi dòng, tiānqì

凉爽。第三扇，满天细雨潇潇。哪吒见火已平息，
liángshuǎng. Dì sān shàn, mǎntiān xìyǔ xiāoxiāo. Nézhā jiàn huǒ yǐ píngxī,

甘霖普降，辞别唐僧师徒，牵白牛回天宫去了。只
gānlín pǔ jiàng, cíbié Tángsēng shītú, qiān báiniú huí tiāngōng qù le. Zhǐ-

有本地土地，押着铁扇公主等候处置。悟空对公主
yǒu běndì Tǔdì, yā zhe Tiěshàngōngzhǔ děnghòu chǔzhì. Wùkōng duì gōngzhǔ

说："嫂嫂，你本不是吃人的妖怪，害人的魔头，
shuō: "Sǎosao, nǐ běn búshì chī rén de yāoguài, hài rén de mótóu,

我也不杀你。只求你使法术把这火焰山的大火断了
wǒ yě bù shā nǐ. Zhǐ qiú nǐ shǐ fǎshù bǎ zhè Huǒyànshān de dàhuǒ duàn le

根，拯救这一方百姓，就算将功折罪。"
gēn, zhěngjiù zhè yìfāng bǎixìng, jiù suàn jiāng gōng zhé zuì."

공주는 이를 듣고 서둘러 부채를 받쳐 들고 나와, 많은 사람들을 보고는 무릎을 꿇고 이마를 땅에 조아리며 말했다. "제천대성과 태자님 부디 저희 부부의 목숨 좀 살려주십시오. 진심으로 이 보물 부채를 바쳐, 손 도련님께서 불을 끄고 서쪽으로 가실 수 있기를 바랍니다." 오공은 보물 부채를 받아들고, 이 산의 토지신에게 공주를 잡아 가두면서 처분을 기다리게 했다. 그리고는 나타와 팔계와 함께 우마왕을 끌고서 구름을 몰고 동쪽 기슭으로 돌아와, 삼장법사와 오정을 만나 부채를 빌린 과정을 처음부터 끝까지 설명하였다. 삼장법사는 나타의 도움에 예를 갖춰 감사를 표했다.

오공은 부채를 가지고 화염산 가장자리로 와서 힘껏 한 번 부채질하니, 그 불길이 삽시간에 꺼졌다. 오공이 또 한 번 부채질을 하니, 맑고 신선한 바람이 미세하게 불며 날씨가 시원하고 상쾌해졌다. 세 번째 부채질을 하자, 온 하늘에 가는 이슬비가 부슬부슬 내렸다. 나타는 불길이 이미 가라앉고, 단비가 고루 내리는 것을 보고는, 삼장법사와 제자들에게 이별을 고하고, 흰 소를 끌고 천궁으로 돌아갔다. 단지 이 산의 토지신만이 철선공주를 붙잡고 있으면서 처분을 기다리고 있었다. 오공이 공주에게 말했다. "형수, 당신은 본래 사람을 잡아먹는 요괴도, 사람을 해치는 마귀도 아니었으니, 저 또한 당신을 죽이지는 않겠소. 다만 당신이 술법을 써서 이 화염산 큰 불의 불씨를 없애서 이 곳 백성들을 구제하여, 그것으로 공을 세워 속죄하는 것으로 삼으시오."

捧 pěng 두 손으로 받쳐들다　｜　情愿 qíngyuàn 진심으로 원하다　｜　看押 kānyā (임시로) 잡아 가두다　｜　等候 děnghòu 기다리다 (주로 구체적인 대상에 쓰임)　｜　麓 lù (산)기슭　｜　熄灭 xīmiè (불을) 끄다, (불이) 꺼지다　｜　清风 qīngfēng 맑고 신선한 바람　｜　凉爽 liángshuǎng 시원하고 상쾌하다　｜　细雨 xìyǔ 이슬비, 가랑비　｜　潇潇 xiāoxiāo 이슬비가 내리는 모양　｜　平息 píngxī (바람 분쟁이) 가라앉다　｜　甘霖 gānlín 단비　｜　普降 pǔ jiàng 고루 내리다　｜　处置 chǔzhì 처분하다, 처벌하다　｜　魔头 mótóu 마귀, 악마　｜　拯救 zhěngjiù 구하다, 구제하다　｜　将功折罪 jiāng gōng zhé zuì 공을 세워 속죄하다

铁扇公主说：“孙叔叔想断这火根不难，只要
Tiěshàngōngzhǔ shuō : "Sūn shūshu xiǎng duàn zhè huǒgēn bù nán, zhǐyào

连扇七七四十九扇，火焰就永不再发了。”悟空手
lián shān qīqīsìshíjiǔ shàn, huǒyàn jiù yǒng bú zài fā le." Wùkōng shǒu-

持扇子，向山头连扇四十九扇，那山上大雨淙淙，
chí shànzi, xiàng shāntóu lián shān sìshíjiǔ shàn, nà shānshang dàyǔ cóngcóng,

清风习习，有火处下雨，无火处天晴。师徒们在山
qīngfēng xíxí, yǒu huǒ chù xiàyǔ, wú huǒ chù tiān qíng. Shītúmen zài shān-

下坐了一夜，第二天，收拾行李马匹，把扇子还给
xià zuò le yí yè, dì èr tiān, shōushi xíngli mǎpǐ, bǎ shànzi huángěi

公主。
gōngzhǔ.

철선공주가 말했다. "손 도련님, 이 불씨를 없애는 것은 어렵지 않아요, 연달아
일곱 번씩 마흔아홉 번 부채질을 하기만 하면, 불길은 영원토록 다시는 살아나지
않을 거예요." 오공은 손으로 부채를 잡고 산 쪽을 향해 연달아 마흔아홉 번 부채
질을 하니, 그 산에는 큰비가 주룩주룩 내리고 맑은 바람이 솔솔 불어, 불이 있는
곳에는 비가 내리고, 불이 없는 곳에는 날이 개었다. 사부와 제자들은 산 아래에
앉아 하룻밤을 지새우고, 그 다음날 봇짐과 말을 챙기며, 부채를 철선공주에게 돌
려주었다.

大雨 dàyǔ 큰비　|　淙淙 cóngcóng 물 흐르는 소리　|　习习 xíxí 솔솔 (바람이 가볍게 부는 모양)

悟空嘱咐公主："今后要多行善事，不可贪财
Wùkōng zhǔfù gōngzhǔ : "Jīnhòu yào duō xíng shànshì, bùkě tāncái

作恶。等俺老孙见了观音菩萨，让你儿子常来看
zuò'è. Děng ǎn Lǎo Sūn jiàn le Guānyīnpúsà, ràng nǐ érzi cháng lái kàn

你。"公主辞谢了唐僧、悟空等回山去了。唐僧师
nǐ." Gōngzhǔ cíxiè le Tángsēng、Wùkōng děng huí shān qù le. Tángsēng shī-

徒四人告别了本山土地，继续朝西天而去。
tú sì rén gàobié le běnshān Tǔdì, jìxù cháo Xītiān ér qù.

后来，唐僧师徒历经九九八十一难，终于来到
Hòulái, Tángsēng shītú lìjīng jiǔjiǔbāshíyī nàn, zhōngyú láidào

西天，得到了真经。如来传旨，封唐僧为旃檀功德
Xītiān, dédào le zhēnjīng. Rúlái chuánzhǐ, fēng Tángsēng wéi Zhāntángōngdé-

佛，孙悟空为斗战胜佛，猪悟能为净坛使者，沙悟
fó, Sūn Wùkōng wéi Dòuzhànshèngfó, Zhū Wùnéng wéi Jìngtánshǐzhě, Shā Wù-

净为金身罗汉，白龙马为八部天龙。师徒四人谢了
jìng wéi Jīnshēnluóhàn, Báilóngmǎ wéi Bābùtiānlóng. Shītú sì rén xiè le

恩。悟空对师父说："取经大事已成，我也成了佛了，
ēn. Wùkōng duì shīfu shuō : "Qǔjīng dàshì yǐ chéng, wǒ yě chéng le fó le,

趁早念个松箍咒，把头上的箍脱下来吧！"唐僧说：
chènzǎo niàn ge Sōnggūzhòu, bǎ tóushang de gū tuō xiàlái ba!" Tángsēng shuō :

"你已经成佛，那箍自然脱下，你摸摸头上还有吗？"
"Nǐ yǐjing chéng fó, nà gū zìrán tuōxià, nǐ mōmo tóushang hái yǒu ma?"

悟空伸手一摸，果然没了。《西游记》的故事到此
Wùkōng shēnshǒu yì mō, guǒrán méi le. 《Xīyóujì》 de gùshi dàocǐ

结束。
jiéshù.

오공이 공주에게 당부하였다. "오늘 이후로 착한 일 많이 하고, 재물을 탐하거나 악한 일을 하지 마시오. 이 손오공이 관음보살을 만나 뵈면, 당신 아들이 자주 당신을 만나러 오게 하겠소." 공주는 삼장법사와 오공 등에게 호의를 마다하고 산으로 돌아갔다. 삼장법사와 제자 네 사람은 이 산의 토지신과 작별을 하고, 계속해서 서천을 향해 나아갔다.

후에 삼장법사와 제자는 여든한 개의 고난을 겪고, 마침내 서천에 도착하여 불경을 얻게 되었다. 석가여래는 성지를 내려, 삼장법사는 전단공덕불에, 손오공은 투전승불에, 저팔계는 정단사자에, 사오정은 금신나한에, 백용마는 팔부천룡에 봉하였다. 사부와 제자 네 사람은 은혜에 감사하였다. 오공은 사부에게 말했다. "경전을 구하는 큰일은 이미 이루었고 저도 부처가 되었는데, 얼른 송고주문을 외워 제 머리 위의 황금테를 벗겨 주세요!" 삼장법사가 말했다. "너는 이미 부처가 되었으니, 그 테는 저절로 벗겨질 것이다. 네가 머리를 한번 만져 보거라, 아직도 테가 있느냐?" 오공이 손을 뻗어 만져 보니, 정말 없어졌다. 『서유기』의 이야기는 여기서 끝이 난다.

贪财 tāncái 재물을 탐내다 ┃ 作恶 zuò'è 나쁜 짓을 하다 ┃ 辞谢 cíxiè 사절하다, 사퇴하다 ┃ 历经 lìjīng 여러 번 ~겪다, 두루 ~경험하다 ┃ 难 nàn 재난, 환난 ┃ 摸 mō (손으로) 짚어 보다, 쓰다듬다

1 본문을 읽고 다음 물음에 답하시오.

(1) 翠云山芭蕉洞的铁扇公主为什么一听"孙悟空"三个字就怒火中烧?

A. 因为他是牛魔王的结拜兄弟

B. 因为悟空让她儿子红孩儿远在南海观音那里做了善财童子

C. 因为看不惯孙悟空在花果山自称"齐天大圣",与那玉帝老儿一般高

(2) 铁扇公主喝茶之后,为什么疼得在地上打滚?

A. 因为公主吃坏肚子

B. 因为悟空在公主的肚子里作怪

C. 因为悟空用金箍棒打公主的肚子

(3) 铁扇公主把一个杏叶子大小的扇子藏在何处?

A. 嘴里　　　　　　　B. 耳朵里　　　　　　　C. 口袋里

2 다음 문장을 자연스러운 우리말로 옮기시오.

(1) 嫂嫂,说话算数,你剑也砍了,气也撒了,该借我扇子了。

➡

(2) 这次不比上次,任你怎么扇,老孙要是眨眨眼皮,就不算好汉。

➡

3 녹음을 듣고 빈칸에 들어갈 말을 써 넣으시오.

(1) 铁扇公主(　　　)打不过孙悟空，便取出芭蕉扇(　　　)一扇。

(2) 悟空正扛得肩膀(　　　)，把扇子(　　　)了他。

(3) 后来，唐僧师徒(　　　)九九八十一难，(　　　)来到西天，得
到了真经。

4 다음 문장을 자연스러운 중국어로 옮기시오.

(1) 언뜻 보니 맹렬한 불길이 활활 타오르고, 짙은 연기가 세차게 피어
올라, 하늘은 온통 시뻘겋게 불거져 있었다.

➡

(2) 후에 삼장법사와 제자는 여든한 개의 고난을 겪고, 마침내 서천에
도착하여 불경을 얻게 된다.

➡

1 (1) B　　　　　　(2) C　　　　　　(3) A

2 (1) 유사하의 경계가 팔백 리요, 약수의 깊이가 삼천 리라, 거위의 깃털도 떠오르지 못하고, 갈대꽃도 바닥에 가라앉히네.

(2) 사부님, 이놈이 눈뜬 장님이라 사부님의 존안을 몰라 뵙고, 마음에 들지 않는 짓을 많이 저질렀습니다. 부디 용서하여 주십시오.

3 (1) 露出, 活像　　　(2) 失迎, 何必　　　(3) 引诱, 收拾

4 (1) 光阴荏苒，斗转星移，转眼过了五百年。

(2) 流沙河上风平浪静，船如飞似箭，不多一会儿就到了对岸。

1 (1) A　　　　　　(2) B　　　　　　(3) B

2 (1) 이 산은 좀 무섭구나, 백마도 다리를 벌벌 떠는 것을 보니, 모두들 조심해야 되겠다.

(2) 연달아 세 사람이나 때려죽이는 것을 내 눈으로 직접 보니, 네 교활하고 완고한 본성은 고치기 어렵다는 것을 알았다.

3 (1) 饿, 汉子　　　(2) 蠢货, 工钱　　　(3) 纵然, 照样

4 (1) 唐僧耳朵根子软，信了呆子的话，就念起咒来。

(2) 人的命，天注定。要是该死，你也救不了我。

1 (1) B　　　　　　(2) A　　　　　　(3) A

2 (1) 설사 당신 아버님께서 나를 잡으려 하신대도, 나는 어쨌든 그분의 사위이니 마땅히 직접 가서 만나 뵈어야겠군.

(2) 삼장법사는 말을 할 수 없었지만, 마음속으로는 이해하기에, 오공의 말을 듣자, 눈물을 흘렸다.

3 (1) 腾云驾雾，制服　(2) 模样，将信将疑

(3) 错怪，磨难

4 (1) 八戒一时逞能，纵身一跳，驾起云头，飞上天去了。

(2) 莫非你也打死了妖怪，师父把你也贬了？

1 (1) B　　(2) B　　(3) A

2 (1) 형수님, 말씀에 책임을 지셔야죠, 검으로 내리찍고 분도 푸셨으니, 마땅히 제게 부채를 빌려주셔야죠.

(2) 이번엔 지난번과 달라, 당신이 어떻게 부채질을 하던 간에, 이 손오공이 눈꺼풀을 깜빡이기라도 한다면, 사나이가 아니외다.

3 (1) 料定，使劲　(2) 酸痛，递给　(3) 历经，终于

4 (1) 只见烈焰熊熊，浓烟滚滚，把天都烤红了。

(2) 后来，唐僧师徒历经九九八十一难，终于来到西天，得到了真经。

다락원 중한대역문고 시리즈

초급단계는 평소에 접하기 어려웠던 중국 초등학교 교과서에 실린 글과 그 외에 정확한 발음과 다양한 일상표현 학습을 위한 얼거(儿歌)선, 지혜와 교훈을 얻을 수 있는 우화선, 역사 속 위인들의 일화를 읽을 수 있는 역사인물선, 그리고 서양의 유명한 동화들을 중국어로 감상할 수 있는 외국 동화선으로 구성되어 있다.

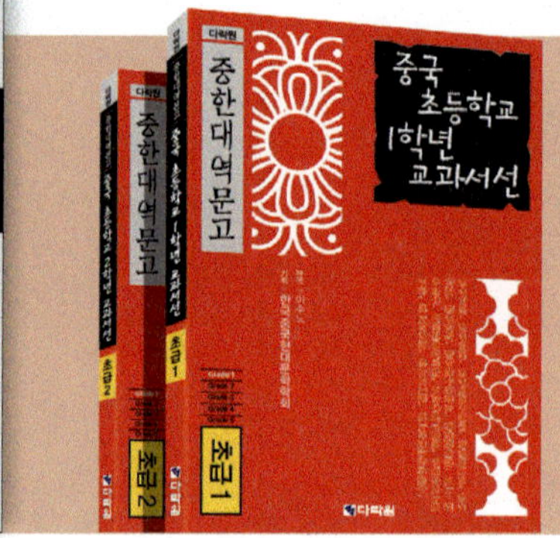

4×6판 / 140~160면 / MP3 파일 다운로드

1	중국 초등학교 1학년 교과서선 (이주노 역)
2	중국 초등학교 2학년 교과서선 (신정호 역)
3	중국 초등학교 3학년 교과서선 (김의진 역)
4	중국 초등학교 4학년 교과서선 (박정원 역)
5	마음이 따뜻해지는 이야기선 (장동천 역)
6	지식과 교훈이 있는 이야기선 (주재희 역)
7	중국 얼거(儿歌)선 (임대근 역)
8	중국 우화선 (박재우 역)
9	중국 역사이야기선 (김경석 역)
10	외국 동화선 (변경숙 역)

중국현대문학을 전문적으로 연구하는 한국중국현대문학학회와 외국어 교재 전문 출판사 다락원이
질 높은 중국어 학습교재의 개발을 목표로 기획한 중국어 독해교재로,
초급 10편과 중급 10편으로 구성되어 있다.

중급단계는 수준을 한 단계 높여 초등학교 고학년 교과서의 글들을 우선 선정했으며, 이어서 중국현대문학사에 빛나는 주옥 같은 작품들을 통해 현대 중국의 문학 언어를 학습할 수 있도록 했다. 그리고 최근 중국인의 의식과 문화를 잘 보여주는 단편소설인 미형(微型) 소설선, 기존에 접하지 못했던 중국의 창작동화를 실은 당대(当代) 소설선도 중국어와 중국문화를 접목하여 학습하는 데 좋은 교재가 될 것이다.

4×6판 / 170~200면 / MP3 파일 다운로드

1   중국 초등학교 5학년 교과서선 (성근제 역)

2   중국 초등학교 6학년 교과서선 (유영하 역)

3   중국 현대(現代) 동화선 (김양수 역)

4   중국 현 · 당대(現 · 当代) 수필선 (김시준 역)

5   아Q정전(阿Q正传) (박운석 역)

6   빙신(冰心) 소설선 (심혜영 역)

7   바진(巴金) 소설선 (박난영 역)

8   소피 여사의 일기 (김순진 역)

9   중국 미형(微型) 소설선 (김태만 역)

10 중국 당대(当代) 소설선 (장윤선 역)

다락원 홈페이지에서 MP3 파일
다운로드 및 실시간 재생

다락원 중한고전대역 8

서유기 下

원작 오승은
개작 염보화
편역 김홍겸
펴낸이 정규도
펴낸곳 (주)다락원

초판 1쇄 발행 2007년 10월 9일
초판 2쇄 발행 2025년 9월 12일

책임편집 최준희·홍현정·길노을
디자인 임서영·공혜경

다락원 경기도 파주시 문발로 211
전화 (02)736-2031 (내선 250~252 / 내선 430~437)
팩스 (02)732-2037
출판등록 1977년 9월 16일 제406-2008-000007호

ISBN 978-89-5995-568-8 1872
      978-89-5995-544-2 (세트)

www.darakwon.co.kr
다락원 홈페이지를 방문하시면 상세한 출판 정보와 함께 동영상 강좌,
MP3 자료 등 다양한 어학 정보를 얻으실 수 있습니다.